Tahni Cullen
mit Cheryl Ricker

Josiahs Stimme
Ein stummer Junge erzählt vom Himmel

ständig Sorgen zu machen. Das hat mich zu viel gekostet. Ich will jeden kurzen Moment von Josiahs Kindheit genießen und ich will den Menschen von deiner Güte berichten.

Gott gab mir die Gelegenheit, einer Gruppe von Männern und Frauen bei der örtlichen Versammlung der *Substance Church* von seiner Güte zu berichten. Mir war es noch nie schwergefallen, vor vielen Menschen zu sprechen. Tatsächlich blühte ich bei solchen Gelegenheiten auf. Aber wenn es darum ging, über Josiah zu reden – und genau das hatte Gott mir in meinem Herzen aufgetragen –, wurde ich nervös.

»Es scheint fast, als würde er es träumen«, erzählte ich ihnen. »Aber selbst wenn er wach ist, empfängt er Botschaften von Jesus und den Engeln.«

Die Blicke der Gemeindemitglieder waren freundlich und liebevoll, also fuhr ich fort. »Ich möchte euch einen Liedtext vorlesen, den Josiah im März geschrieben hat, aber als Erstes werde ich die Definition eines Ausdrucks erklären, den er darin gebraucht. **Schallendes Gelächter.** Als ich ihn fragte, was er damit meinte, schrieb er die folgenden Worte: **Ein glückliches Lachen, das beruhigt, ein wohlbekanntes, freudiges Gefühl.** Also, hört zu:

In jeder strahlenden Nacht wende ich mich dem Himmel zu
Erinnere mich an die Tauben
Freude singt faszinierende Musik
Für Zehntausende
Jesus erwartet Lobgesänge
So leidenschaftlich wie schallendes Gelächter, tränke ihn mit
viel schallendem Gelächter
Festlicher Glaube, begnadet und begünstigt, gestaltet und gemacht
Für den besten König
Natürlich wird das Tor zu echten Tränen geöffnet
Nenne ein gutes Gefühl, gelöste Glückseligkeit, ein hübsches
Versprechen

Ein gewaltiges Geräusch von schallendem Gelächter
Denn es gibt mehr Rosen, als das Auge sehen kann
Ernte Tränen in Krügen. Der letzte Regen nimmt dir die Furcht.
Nimm meine freudige, sanfte Art
Erkläre es zu einer Nichtigkeit
Und sehe Otter für dich spielen.
Ich ließ meinen Blick durch den Raum schweifen.»Bei dieser letzten Zeile musste ich weinen«, sagte ich.»Er weiß es nicht, aber ich *liebe* Otter! Sie sind so lustig und verspielt, und ich glaube, Gott wollte mir damit zeigen, dass er auf jedes Detail achtet. Er weiß alles über mich, und auch alles über euch.«

Nach der Versammlung kam eine junge Frau auf mich zu.»Meine WG-Mitbewohner und ich halten jede Woche mit etwa achtzehn Personen einen Bibelkreis bei uns zu Hause in Minnesota ab. Wir fänden es toll, wenn Sie bereit wären, uns Ihre Geschichte zu erzählen.«

Einige Wochen später drängten wir uns alle in ihr Wohnzimmer und ich erzählte ihnen, was Gott mich über Sara gelehrt hatte und dass ich wieder in der Lage sein wollte, der Zukunft lachend entgegenzutreten.»Typisch Gott«, sagte ich,»mich in der Dusche in die Mangel zu nehmen, wo ich nackt und verletzlich bin. Das ist wahrscheinlich der beste Ort, um ungehemmt loszuflennen. Zumindest muss man sich keine Sorgen um die verlaufene Wimperntusche machen.«

Als das Treffen sich dem Ende zuneigte, bekam ich die wunderbare Gelegenheit zu hören, was in diesen Menschen vor sich ging.

»Ich habe schon viele Enttäuschungen erleben müssen«, erzählte eine schlanke, junge Frau mit dunklem Haar.»Meine Mutter leidet unter schlimmen Panikattacken und ich denke, dass ich das von ihr übernommen habe, weil ich immer etwas angespannt bin.«

Ich betete für sie und ein anderes Mädchen meldete sich zu Wort.»Manchmal denke ich, Gott hält etwas Großes für mich bereit, einen aufregenden Plan oder eine tolle Berufung, aber wenn dann nichts passiert, begrabe ich meine Träume.«

Ich fühlte mit ihr. »Es ist schwer, an seinen Träumen festzuhalten«, erklärte ich, »aber der Gott, der seinen Sohn auferstehen ließ, hat auch die Macht, jeden Traum, den er euch gegeben hat, wieder auferstehen zu lassen.«

Die Gastgeberin, eine nette junge Dame mit Pagenkopf und breitem Lächeln, dankte mir für meinen Besuch. »Tahnis Anwesenheit heute Abend war ein echter Segen. Lasst uns einen Kreis um sie bilden und für ihre Familie und ihr christliches Werk beten.«

Tränen stiegen mir in die Augen, während sie beteten. Ich war gekommen, um meine Geschichte zu erzählen, und bekam am Ende mehr zurück, als ich gegeben hatte. Wirkte Gott nicht immer auf diese Weise in seinem Königreich?

Lachend fuhr ich nach Hause. *Gott, diese Art Seelsorge würde ich sehr gerne öfter betreiben. Ich möchte eine Mutmacherin, eine geistliche Mutter für junge Frauen sein. Ich danke dir tausendmal dafür, dass du meinen Schmerz benutzt hast, um meine Leidenschaft zu entfachen!*

15
Heilung

»Die Liebe treibt unsere Heilung voran.«

Josiah Cullen

Sommer 2013

Als Josiah und ich in der *Giggle Factory*, einem Spieleparadies in Hudson, Wisconsin, ankamen, blieb er wie angewurzelt im Eingang stehen.

»Hey, was ist los? Geh schon rein.« Ich stupste ihn in Richtung der zweiten Tür, die zum Indoor-Spielplatz führte, doch er verhielt sich wie ein Bulle im Käfig. Wir ernteten befremdete Blicke von den Leuten, die sich an uns vorbeiquetschten. Normalerweise brachte man die Kinder kaum *aus* dem Gebäude, nicht andersherum.

Josiah hatte es hier beim letzten Besuch gut gefallen, aber irgendetwas schien ihn diesmal aus der Fassung zu bringen. Vielleicht war es das Wirrwarr von Kinderstimmen, das in seinem Gehirn die totale Reizüberflutung auslöste. Ich wusste, wie gerne er bei dem bunten Treiben mitmischen wollte, obwohl er wie gelähmt dastand. Ich hätte weiter Druck machen können, beschloss dann aber, mich nach ihm zu richten und einfach zu gehen.

Josiahs Widerstand erinnerte mich an einen anderen Zwischenfall, als wir bei Burger King gewesen waren. Mitten in der Spielecke hatte er sich auf den Boden fallen lassen, wie ein verwundetes Tier herumgekreischt und sich geweigert aufzustehen. Ich war gezwungen gewesen, ihn hochzunehmen und mit ihm zum Parkplatz zu stolpern, der gefühlt zehn Kilometer weit weg war, vorbei an all den Menschen, die uns anstarrten.

Doch es gab noch bessere Geschichten. Wie das eine Mal, als ich von einem Kunden im Bioladen angeschrien wurde. »Würden Sie bitte Ihr Kind zum Schweigen bringen? Ich halte das nicht mehr aus. Sie sollten dafür sorgen, dass er nicht alles antatscht. Sie hätten ihn überhaupt nicht mit reinbringen dürfen!«

»Tut mir leid, er kann nicht anders«, hatte ich geantwortet und war hinausgerannt.

Die Verkäuferin war mir hinterhergelaufen. »Ma'am, es tut mir wirklich leid, dass dieser Mann Sie angeschrien hat. Sie sind bei uns jederzeit herzlich willkommen.«

Diese Art von Prüfungen weckte in mir das Bedürfnis, mich noch tiefer in Gottes Worte zu vertiefen und es mir mit ihm gemütlich zu machen. Und genau das tat ich auch, als ich nach Hause kam.

Ich las, wie Paulus mit seinem Fleisch rang, und sofort kam mir Josiahs unkooperativer Körper in den Sinn, genau wie meine innere Zerrissenheit.

Es ist anscheinend wie ein inneres Gesetz in meinem Leben, dass ich, wenn ich das Gute will, unweigerlich das Böse tue. Ich liebe Gottes Gesetz von ganzem Herzen. Doch in mir wirkt ein anderes Gesetz, das gegen meine Vernunft kämpft. Dieses Gesetz gewinnt die Oberhand und macht mich zum Sklaven der Sünde, die immer noch in mir ist. Was bin ich doch für ein elender Mensch! Wer wird mich von diesem Leben befreien, das von der Sünde beherrscht wird? Gott sei Dank: Jesus Christus, unser Herr! (Römer 7,21 – 25).

Paulus' Antwort auf diese deprimierende Frage war hervorragend: Jesus. Und ich begrüßte es, dass sie sich auch auf Josiah übertragen ließ. Egal, wie gefangen ein autistisches Kind sich auch in seinem unkooperativen Körper fühlen mochte, Gott wollte es mit seiner Gnade und seinem Triumph überschütten. Und es war wunderbar mitanzusehen, wie er das bei unserer Familie tat.

Ich hatte den Herrn nie explizit darum gebeten, Josiah einen Freund zu schicken, der ihn verstand, und dennoch hatte er mein Herz erhört. Über Facebook führte er uns zu Philip, der zwölf Jahre alt war und Josiahs erster Brieffreund werden sollte.

Lieber Philip,

wir beide empfinden Frieden, wenn wir miteinander kommunizieren können. Ich liebe melodische Musik. Es ist, als würde meine Seele mein Seelengeheul stückweit in seelischen Genuss verwandeln. Ich küsse den Himmel mit meinen Liedern, um Jesus' Liebe erstrahlen zu lassen. Ich mag äußerlich klein erscheinen, doch innerlich bin ich groß, wie du, Philip.

Noch dringen die Lieder nicht aus meinem Mund, aber bald wird mein Mund singen. Ich nehme an, das lässt dich aufhorchen, Philip, da wir beide üblicherweise nur selten unseren Mund benutzen. Aber ich sage dir, dass ich meinen Mund benutzen werde, und das wirst du auch! Unsere Worte werden fließen.

Der Wert bemisst sich nicht in dem, was du tust, aber es ist wie eine Fessel, nicht zu zeigen, was man weiß. Es ist, als würde die Antwort mich komplett umhauen. Es ist wie das perfekte Bild von Notenblättern auf meinem Kopf, weil ich das jetzt weiß, Philip!

Die Heilung geht mit einfachen Wahrheiten einher, meinst du nicht auch? Es ist, als würde ich in meinem Kopf in neuem Licht dargestellt. Ich werde geschätzt, weil ich es wert bin, Punkt. Meine Stimme ist wie eine kalte, reglose Leiche, aber ich spüre, dass sie sich bereitmacht, um zu sprechen. Könnte sie mit der Vorstellung eines Jungen von Wertschätzung kommen?

Deine Netze sind voller Erstaunen, wegen deiner Fotografien. Es macht großen Spaß, Fotos – wahrhaft greifbar abgepasste Fotos – zu erleuchten, besonders während man über die Schöpfung nachdenkt.

Wie ich höre, wirst du bald in die Schule gehen, Philip. Philip gibt alles, um das beliebte »Forellenabzeichen« auf seiner Schärpe zu tragen, da Forellen gegen den Strom schwimmen. Gut gemacht! Der Herr weiß, wie schwer es ist, eine gute Forelle wie dich zu finden, Philip, die bereit ist, endlose Kilometer gegen den Strom zu schwimmen.

Hast du ein Haustier? Ich habe eine Hündin, die Lucy heißt. Es ist so toll, einen Hund zu haben, Philip!

Auf einmal einen Freund zu haben, ist mehr, als ich je erwartet hätte. Das bedeutet mir wirklich viel, Philip. Manchmal bin ich einsam. Es ist viel trauriger, wenn man keinen Freund hat.

Wir sollten uns irgendwann mal treffen,
Josiah

Wie Josiah war Philip nach der RPM geschult worden und berührte nun die Herzen der Menschen. Josiah strahlte, als ich ihm Philips Worte vorlas:

Ich fühle mich zu bestimmten Dingen wie Blättern und Blumen hingezogen. Ich finde ihre Schönheit anziehend. Ein Teil von mir möchte sanft mit der Natur umgehen, doch mein impulsiver Geist will die Blumen pflücken und sie zwischen meinen Händen zwirbeln. Ich kann mir nicht helfen. Ich sehe die Blumen und weiß, dass ich sie nicht pflücken sollte, aber meine Hände scheinen ihren eigenen Kopf zu haben. Dann fühle ich mich schlecht.

Meine Mutter muss mich immer wieder ermahnen, nicht die Blumen zu pflücken. Ich kann gegen den Impuls ankämpfen, wenn man mich mit einem Wort aufhält, aber ein unfreundlicher Tonfall führt dazu, dass ich es umso mehr tun will. Unfreundliches Verhalten mir gegenüber verletzt meine Gefühle.

Mir fehlt die Kontrolle über meine Impulse, um meinen Körper dazu zu bringen, meinem Gehirn zu gehorchen. Es ist frustrierend. Ich bin wie ein Amputierter mit Phantomgliedmaßen. Ich scheine Gliedmaßen zu besitzen, aber ich fühle sie nicht. Ich muss sie sehen, um zu wissen, dass sie da sind.

Wenn ich mich bewege, kann ich sie besser spüren. Mein Körper fühlt sich nicht so an, als würde er mir gehören, aber mein Geist gehört mir. Ich versuche, meinen Körper durch sinnvolle Aufgaben folgsamer zu machen, wie Hausarbeiten und Fahrradfahren.

Niemand sollte ohne Sinn durchs Leben gehen. Der Mensch sollte sein Talent finden und es meistern. Meine Botschaft an die Eltern lautet, uns Gelegenheit zu geben, unsere Bewegungen auf zielgerichtete Weise zu trainieren. Helft uns dabei, uns vorzunehmen, möglichst viel Muskelgedächtnis einzusetzen, indem ihr euch die Mühe macht, uns Hobbys und nützliche Fähigkeiten beizubringen.

Bitte seid geduldig mit uns. Ich versuche meinen Körper, so gut ich es eben kann, zu kontrollieren. Niemand möchte eine Last sein.

Von Philip

Genau wie Gott Philip und Josiah zusammenführte, brachte er mich mit Sue Rampi, einer klugen älteren Dame, zusammen, die durch meine Rede in der *Substance Church* von mir gehört hatte. Als Sue mich fragte, ob sie mich zum Essen einladen durfte, willigte ich sofort ein. Wir trafen uns bei *P.F. Chang's*, einem chinesischen Restaurant, und hatten sofort einen guten Draht zueinander.

»Wie ich höre, haben Sie eine wirklich beeindruckende Predigt gehalten, die allen Anwesenden Mut gemacht hat«, sagte sie. »Wäre ich nicht auf einer Missionsreise gewesen, wäre ich auch gekommen.«

»Oh, vielen Dank«, erwiderte ich. »Meine Freundin Michele hat mir viele großartige Dinge über Sie und das christliche Werk Ihrer Familie erzählt.«

»Ebenso. Und Ihr Sohn, Josiah. Er muss ein wirklich außergewöhnlicher kleiner Mann sein.«

Ich gluckste.»Ja, so könnte man es wohl auch bezeichnen.«
Sue und ich tauschten unsere Geschichten aus. Sie erinnerte
mich an die Apostelgeschichte 2,17: *In den letzten Tagen, spricht
Gott, werde ich meinen Geist über alle Menschen ausgießen. Eure Söhne
und Töchter werden weissagen, eure jungen Männer werden Visionen
haben und eure alten Männer prophetische Träume.*
Sue lehnte sich vor.»Ich habe das starke Gefühl, dass Gott
Großes mit Josiah vorhat. Gott hat ihn gezielt auserwählt und ihn
hervorgehoben.«
Etwas an ihren Worten ließ mich aufhorchen.»Sie haben ein
Gespür für diese Dinge, nicht wahr?«
Sie nickte.»Als Kind konnte ich die geistliche Welt sehen. En-
gel, Dämonen und alles, was dazugehört. Mir passierten lauter
Dinge, die ich nicht einordnen konnte, aber ich hatte nicht den
Mut, darüber zu reden. Nicht wie Ihr stummer Sohn.«
Ich nippte an meinem Wasser.»Ich finde es toll, dass Sie mir
davon erzählen. Ich will unbedingt verstehen, was Josiah da erlebt,
damit ich ihm besser zur Seite stehen kann. Ich glaube, wir haben
uns noch viel zu erzählen. Michele sagte mir, dass Sie für viele
Menschen eine geistliche Mutter sind und schon seit Jahrzehnten
predigen.«
»Vierzig Jahre. Ich habe die Welt bereist und alle möglichen
Wunder gesehen. Blinde Augen, die plötzlich sehen konnten, tau-
be Ohren, die wieder hörten. Besonders in Ländern wie Hondu-
ras.«
»Wow, das muss wirklich eine erfüllende Erfahrung sein. Warum, glauben Sie, gibt es nicht mehr Berichte von Wundern hier in
den USA?«
Sie spießte ein Stück Brokkoli auf ihre Gabel.»Kann ich nicht
sagen. Vielleicht müssen die Menschen sich verzweifelter nach
Gott sehnen.«
»Ich bin verzweifelt«, sagte ich.»Joe hat vor Kurzem ein Video
von Josiah gefunden, auf dem er fünfzehn Monate alt ist, also be-

vor sich der Autismus bei ihm bemerkbar gemacht hat. Ich sage Ihnen, sein Gesicht strahlte, er war so voller Leben. Lange Zeit war ich nicht mal imstande, mir alte Fotos von ihm anzusehen.«

»Wenn das so ist«, meinte sie, »muss es ziemlich schwer für Sie gewesen sein, sich das Video anzugucken.«

»Ja, aber das war es wert. Wir waren im Kindermuseum und Josiah schaute immer in den großen Spiegel, den es dort gibt. O Mann, er hatte echt Spaß daran, seine funkelnden Augen und sein verschmitztes Grinsen zu beobachten. Immer wieder blickte er in die Kamera, kicherte und gab kleine verzückte Quietscher von sich. Was für ein Komiker. Er war früher wirklich unglaublich kontaktfreudig.«

Sie reichte mir ein Taschentuch. »Haben Sie ihm das Video vorgespielt?«

Ich nickte. »Er schaute es sich immer wieder an, vollkommen fasziniert und hocherfreut. Oh, und er hat etwas darüber geschrieben. Möchten Sie es mal lesen?« Ich griff in meine Tasche und zog das I-Pad heraus. »Das ist der Vorteil daran, dass er seine Botschaften aufschreibt. Es ist alles gespeichert.«

Ich liebe es, mich ohne die Ticks zu sehen, die der Autismus hervorruft. Es ist ein großartiges Gefühl, zu wissen, dass diese Ticks mich nicht ausmachen. Ach nee! Aber der Zweifel ließ mich langsam glauben, dass wenn ich die Tür zumache, ich mich automatisch verlieren würde.

In diesem Spiegel zeigt sich ein anderer Blickwinkel. Ich sehe mich, nicht den Autismus. Einen Poeten, ja. Einen Lobpreisleiter, ja. Aber keinen Autismus. Bete für die Sprache. Es ist eine Prüfung für mich, zu schlagen und zu kratzen, wenn ich doch eigentlich idealerweise so sehr geheilt werden will.

»Wow, dieser Junge weiß wirklich, wer er ist und was er will.«

Ich zuckte mit den Schultern. »Ich weiß nicht, ob er sich als Lobpreisleiter im Himmel oder auf der Erde sieht. Wenn er auf der

Erde meint ... nun, dann müsste erst ein wirklich großes Wunder geschehen.«

»Gott kriegt das hin, Tahni.«

»Ja, das tut er. Er hat mich erst kürzlich eine Frau treffen lassen, die von hochfunktionalem Autismus geheilt wurde.«

»Ob hoch- oder niedrigfunktional«, meinte sie, »Gott ist mächtiger.« Sie schob unsere leeren Teller beiseite und ergriff meine Hände. »Ich möchte mit Ihnen für Josiahs Heilung beten. Im Namen Jesu, der Junge wird wieder sprechen!«

Gänsehaut breitete sich auf meinen Armen aus, als sie in meinem Namen Gott ihr Herz ausschüttete. Noch vor einer Stunde hatte ich diese Frau nicht mal gekannt, doch Gott benutzte sie, um meinen Glauben ein Stück weiter zu festigen.

Gott, du würdest mich doch nicht absichtlich auf eine falsche Fährte bei deinen großen Plänen führen? Du würdest keinen göttlichen Termin ansetzen, nur um mich noch mehr Enttäuschung auszusetzen – oder?

16

Alte Freundschaften

>»Sei der Raum, den der Heilige Geist braucht,
um diesen Ort zu erreichen.«

Josiah Cullen

Sommer 2013

Von all den Therapeuten, mit denen Josiah am *Partners Institut* gearbeitet hatte, war uns Kim, seine Lieblingstherapeutin, in Erinnerung geblieben. Umso schöner war es, als sie sich eines Tages meldete, nachdem sie *Josiahs Stimme* bei Facebook entdeckt hatte.

Hi Tahni! Jetzt, wo Josiah mit dir kommuniziert, könnest du ihn ja vielleicht mal fragen, ob er sich noch an mich erinnert. Bitte sag ihm, dass ich sehr stolz auf ihn bin und wie glücklich es mich macht, dass er sich nun mitteilen kann. Jedes seiner Worte löst in mir große Ehrfurcht aus. Dann nicke ich mit dem Kopf, denn ich wusste schon immer, dass ein Philosoph in ihm steckt.

Ja, Josiah! Du wirst mit den Vögeln singen. Du kannst alles schaffen, schenkst vielen Menschen Hoffnung und hast deine Blauhäher-Sprache gefunden! Du bist der Junge, der mein Leben verändert hat, und dafür werde ich dir ewig dankbar sein. Ich freue mich mit euch allen! Ich hoffe, eurer Familie geht es auch in jeder anderen Hinsicht gut.

Gottes Segen und große, freudige Umarmungen

Kim

Ich wollte Josiah von Kims Nachricht erzählen, also schlenderte ich zu seinem Zimmer. »Hey, JoJo. Du hattest mal eine Therapeutin, die hieß Kim. Wahrscheinlich erinnerst du dich nicht mehr wirklich an sie, weil du gerade erst vier Jahre alt warst, als sie das *Partners Institut* verließ, aber anscheinend hast du ihr Leben verändert. Nachdem sie mit dir gearbeitet hat, ging sie wieder an die Uni, um ihren Master-Abschluss zu machen. Sie will mit begabten Kindern arbeiten und Familientherapeutin werden. Möchtest du mal hören, was sie geschrieben hat?«

Er spielte *Family Playhouse* auf seinem I-Pad, während ich ihm Kims Nachricht vorlas. Dann rutschte er neben mich, um seine Antwort einzutippen.

Abwesende, lustige Kim. Brauche den Frieden dieses großartigen Juwels. Das Juwel lachte und Gott sang.

Das Juwel läuft mit Männern, die ihre betäubten Lungen zehnfach verpesten. Am besten ist, dass Matthew, der Feind, weg ist. Die bestialische Bestie des Juwels, dieser schnelle Freund, schlug einen Balken in ihr schnelles Herz.

Gott fühlt sich nicht nahe, nicht, weil die Dämonen von deinem versteckten Juwelen-Engel ablassen, sondern weil schlechte Dämonen jenem nahen Juwel Angst machen. Jesus schürte das Feuer des Leuchtturms, um dir zu helfen.

Der beste Junge erinnert sich noch an das fröhliche beste Mädchen. Ich verblüffe das lustige Juwel, weil ich mit deinem geschwätzigen Engel verkehre, was den bösen Zwillings-Dämon verschwinden lässt. Jesus ist freizügig mit der angefachten Flamme seiner Liebe.

Wende dich Gott zu, Kim, denn ohne ihn können deine Beine nicht stehen. Rufe den letzten Tag des Dämons aus. Der Engel des freudigen Friedens wird auf wundervolle Weise zu dir finden.

Ich schrak zurück. »Ähm ... das soll ich ihr schicken?«

»Iii«, kreischte er.

O Herr, bei dieser Sache werde ich wohl deine Unterstützung brauchen.

Ich schrieb einen einleitenden Brief, den ich Josiahs Botschaft beifügen wollte.

Hi Kim.

Ich habe Josiah ein Foto von dir gezeigt, auf dem du noch lange Haare hast, ihm dann deine Nachricht vorgelesen und ihn gefragt, ob er sich noch an dich erinnert. Weiter unten kannst du seine Antwort lesen.

Dir als spirituell offenem Menschen kann ich wohl direkt sagen, dass sein Verständnis nur als übernatürlich bezeichnet werden kann.

Die Wandlung kam im September. Josiah begann Texte zu tippen und ich habe festgestellt, dass er auf irgendeine Weise den Himmel besucht und in den Geist der Menschen »sieht«. Er macht Prophezeiungen und hat eine unglaubliche Verbindung zu Gott. Ich habe ihn die Dinge, die er schreibt, nie gelehrt. Er schreibt mit einer Sprache, einem Tonfall und einer Intelligenz, die ganz und gar ihm selbst entspringen.

Ich hoffe, du bereust es jetzt nicht, dich nach ihm erkundigt zu haben. Aber es klingt, als würde Josiahs Botschaft auch Warnungen enthalten und die Erinnerung daran, dass der Himmel über dich wacht. Außerdem scheint er dich auf eine erstaunlich seelenverwandte Art zu kennen und sich an dich zu erinnern.

Könntest du mich bitte wissen lassen, ob seine Botschaft dir irgendetwas sagt oder ob sie in irgendeiner Weise zutreffend ist? Manche Dinge, die er schreibt, sind eine Mischung aus Vergangenheit, Gegenwart und Zukunft. Wenn du irgendwelche Fragen hast, kannst du dich gerne melden. Ich bitte ihn oft selbst um weitere Erklärungen.

Er benutzt sehr häufig das Wort »Juwel«. Damit bist du gemeint – eine Person, die er als Juwel bezeichnet. Du wirst geliebt.

Kim antwortete noch am selben Abend:

Tahni, das ist unglaublich! Ich lese mir seine Botschaft immer wieder durch.

Ich glaube fest daran und spüre, dass er eine echte Verbindung zu Gott hat.

Du hast recht. Josiahs Worte sind eine Mischung aus Vergangenheit, Gegenwart und ein bisschen Zukunft. Ich denke, dass dies sowohl eine Botschaft für mich ist als auch ein Beweis für dich, dass der Kontakt zu Gott wirklich besteht. Ich bin alles Satz für Satz durchgegangen. Ich meine, das meiste davon zu verstehen, aber natürlich gibt es noch ein paar offene Interpretationsmöglichkeiten und Fragen zur Symbolik – besonders was den Teil betrifft, der sich auf die Zukunft bezieht. Ich gehe davon aus, dass sich die Bedeutung im Laufe noch mehr offenbaren wird.

Ich bin seit Kurzem auf einer spirituellen Reise, bei der ich versuche, Verbindungen zur spirituellen Ebene zu finden. Ich hoffe, das klingt jetzt nicht verrückt. Dir erzähle ich gerne davon, da du ein mitfühlendes, offenes Herz hast und mich nie verurteilen würdest. Außerdem wirst du dir danach keine Gedanken mehr wegen der Botschaft machen müssen.

Ich bin nach Denver gezogen, um mich auf eine Selbstfindungsreise zu begeben und von einer Gruppe von Menschen zu distanzieren, die bei der Überwindung meiner persönlichen Probleme (die wohl nicht ausbleiben, wenn man ein »Hippie« ist) nicht sehr hilfreich war. Ich musste für mein Glück kämpfen und bin davon überzeugt, dass ich es in meiner neuen therapeutischen Tätigkeit auch endlich gefunden habe.

Das wird wohl der Dämon sein, von dem Josiah spricht. Meine Tarotkarten sagen mir immer wieder, dass die Fallen der Vergangenheit meine spirituelle Verbindung blockieren ... ich bekomme viele Hinweise darauf, dass ich die Potenz meiner Entscheidungen verstärken muss.

Matt ist mein Ex-Freund, den ich für meine große Liebe hielt und bei dem ich deshalb auch einzog. Sobald ich zu ihm in die Berge gezogen war, machte sich seine Sucht bemerkbar und ich musste viel emotionalen Missbrauch ertragen. Er hat sich für die Drogen entschieden, ich mich für meine Gesundheit. Die Entscheidung und Kraft, mich aus dieser Beziehung zu lösen und mein Leben ganz neu zu gestalten, brach-

te mich auf diesen Weg der spirituellen Heilung, auf dem ich mich gerade befinde.

Ich habe es satt, mich mit irgendwelchen Männern zu treffen, und bin wirklich dafür bereit, meinen Seelenverwandten zu finden. Mein jetziger Freund ist Zwilling. Josiah sagt wohl, dass er nicht mein Seelenverwandter ist und dass mich diese Feststellung traurig machen wird, aber dass es eine Unterhaltung geben wird und Lektionen, die mich meinem Ziel, mich selbst zu verstehen, ein ganzes Stück näher bringen werden.

Ich investiere sehr viel Energie in meine Lebensgefährten, was mich selbst aber viel Energie/Licht kostet. Ich glaube, er redet von meinem Heilungsprozess, meine Spiritualität und meine eigene Kraft wiederzufinden, und dass ich mich nicht von meiner Angst zurückhalten lassen soll. Momentan versuche ich zu lernen, unabhängiger und selbstbewusster zu sein.

Im weiteren Verlauf erzählte sie von ihrer anstehenden Reise nach Ecuador, doch ich kam immer noch nicht über die Erwähnung ihres Ex-Freundes weg. Um Himmels willen, Josiah hatte seinen Namen gewusst!

Am nächsten Morgen spazierte ich in Josiahs Zimmer und schaute ihm dabei zu, wie er mit seiner Spielzeugeidechse auf sein Bett eindrosch. »Hey, Kumpel. Schön, dich zu sehen.« Ich umarmte ihn. »Kim hat zurückgeschrieben und ich würde gerne wissen, was du von ihrer Interpretation hältst.«

Während ich ihm die Nachricht vorlas, schnalzte er mit der Zunge.

Ich strich ihm über die Wange. »Also, was denkst du?«

Sein Finger tippte wie verrückt los.

Schlechte Interpretation, Kim. Dein naher Engel ist real. Der Junge spricht eine gelassene Warnung aus. Lass Jesus eine wahre Erneuerung anstoßen.

Der Zwilling-Dämon ist nicht dein neuer Freund. Er ist wahr-

haftig ein böser Dämon. Juwel, verschließe dein mentales Tor. Dein Feind ist darauf aus, dich in seinem Netz zu fangen. Ich sehe ihn in deiner Nähe. Sag Neptun, er soll verschwinden, und stelle dich ganz auf Gott ein und nicht auf das anstehende Natur-Fest. Kim, der Glaube bereitet Freude. Tanze für ihn, nicht für das ABC, das dir die Leidenschaft raubt. Verehre Jesus, Kim. Verehre ihn voller Freude. Verehre ihn ausdrücklich. Verehre ihn, mit allem, was du hast. Deine Verehrung stößt dich zu seiner Macht. Sie ist die Macht über die Sorgen, die dir den Schlaf rauben. Sie stellt den perfekten Frieden in Jesus dar, nicht in Satans mentaler Hierarchie.

Betrachte es als erledigt. Satan zerstört den schneidigen Frieden des Engels für deinen gebräunten Körper. Lass mich die Vorrichtungen deines Dämons vermindern, um auf bekannte Weise Gottes Wege zu preisen.

Der Engel hat zuletzt am Montag mit dir gesprochen und eine Flamme geschürt. Sag dem Juwel Kim, dass ich ihren Geist bei mir spüren kann. Freundin der Familie, ich arbeite in der Nähe, weil ich dich liebe.

»Wo ziehst du uns da nur rein, Kumpel? Und was ist mit dem ABC gemeint?«
Die Last der Sorgen.

Hilf mir, Jesus. Von denen habe ich auch gerade ein paar. Ich griff mir den Laptop und eilte hinaus zum Klappstuhl im Garten.

Hi Kim! Du hattest recht, ich verurteile dich nicht. Meine Aufgabe ist es, Liebe und Segen zu verteilen. Ich habe Josiah deine Nachricht vorgelesen und ihn gefragt, was er von deiner Interpretation hält.

Ich muss dir sagen, dass Josiah leidenschaftlich und ohne Zurückhaltung erklärt hat, dass er damit in eine andere Richtung steuert. Glaub mir, ich weiß, diese Worte treffen dich zutiefst, da sie infrage stellen, was dir lieb ist und wovon du überzeugt bist.

Im Laufe deiner Reise werden die Dinge klarer werden, denke ich. Ich

habe mit Josiah nie über andere religiöse oder spirituelle Praktiken ge-
sprochen, also hat er nichts davon aus seiner normalen Umgebung.
Du kannst gerne jederzeit weitere Fragen an Josiah richten, falls es
noch Klärungsbedarf gibt. Möge dein Weg und deine Reise gesegnet sein!
Du wirst wirklich geliebt.

Kim schrieb zurück:

Abgefahren. Okay, dann werde ich ihn wörtlicher nehmen. Meiner
Meinung nach besteht zwischen allen Sichtweisen, Erfahrungen, Lehren
und Lektionen eine Verbindung, sie alle haben ihren Wert.

Ein paar Wochen später hörte ich erneut von ihr.

Meine Reise ist wundervoll. Tatsächlich habe ich Gott und seine Bot-
schaften in einigen Momenten erfahren dürfen. Ich bin glücklich darü-
ber, sie erkannt zu haben, und habe das Gefühl, dass ich dank Josiahs
Botschaft offener dafür bin.

»Hey, Josiah, schau mal. Kim hat dir wieder geschrieben.« Ich
las ihm ihre Nachricht vor und sog seine Antwort in mich auf.

**Kim, du hast noch mehr positive Samen gesät. Noch immer
stellst du Gottes gute Absichten dir gegenüber infrage. Denke über
Gott nach. Heute Abend stößt das wunderbare Nest auf die wundervolle Kim an. Ein Schüler Gottes hantiert mit gehorsamen,
großartigen Freuden; weltliche Idole sinnieren über verrückte
Werke.**

**Deine Muse wird hin und wieder mit Glauben versorgt, aber
sehnt sich, zitiere mich, nach Liebe, nicht danach, Jesus zu ergrün-
den. Mach es wie der fast stumme Junge. Mir wird eine wunderbare Bestimmung zuteil. Die aufrechte Stimme des Stummen wird
sich für die Situation der eingepferchten Kinder starkmachen. Es
ist so gut wie getan.**

Du meine Güte! Was für ein Wagemut. Woher hatte er ihn nur?
Bestimmt nicht von mir. Und wie seltsam es war, ihn wieder das
Wort *stumm* schreiben zu sehen, wo wir es doch niemals verwen-

deten. O Mann, am liebsten hätte ich Kim diese Botschaft vorenthalten, aber wie konnte ich das tun, wenn Josiah ihr doch nur auf ihrer spirituellen Reise helfen wollte? *Vater, danke, dass die wahre Liebe alle Furcht überwindet. Bitte hilf mir, so zu lieben, wie du es tust – mit einer Liebe, die größer ist als jede Befangenheit. Josiahs Worte klingen in meinen Ohren gefährlich, aber ich weiß, dass du sie einsetzt, um Gutes zu bewirken. Wissend, dass du mich liebst, willige ich ein, mich von dir lenken zu lassen, so wie du es für richtig hältst. Ich bin dein.*

17
Grenzenlose Liebe

»Begegne dem Vater als dem Hüter der Liebe
und du wirst Liebe empfangen.
Könnte Papa Gott in diesen Zeiten
über die Maße großzügig sein?
Könnte seine Freude übermäßig sein?«

Josiah Cullen

**Nimm mich mit zur Mall of America, dort hält Gott eine Über-
raschung für dich bereit.**
»Eine Überraschung für mich?« Ich rutschte auf der kalten
Zoobank herum. »Also, da machst du jetzt aber große Verspre-
chungen ... aber ich bin dabei. Lass uns hinfahren.«
Josiah zog mich zum Auto.
»Warte. Nicht so schnell.« Meine Güte, was für ein Energiebün-
del. Ich schnallte ihn auf seinem Kindersitz an und schon fuhren
wir los. Die meisten Kinder würden nach einem ereignisreichen
Tag mit den Tieren vollkommen k. o. sein, aber nicht so Josiah.
Jede Unternehmung schien ihn nur noch mehr aufzukratzen.
Mir ging durch den Kopf, wie er im Tropenhaus mit den Händen an den Wänden entlanggeglitten war, als würde er Blinden-
schrift lesen. Die Vögel und Affen machten ihre Geräusche, Josiah seine ganz eigenen. Als er die Rochen entdeckte, tauchte er

seine Hände ins Wasser, um ihre schleimigen Köper zu streicheln.

Während des 3-D-IMAX-Films über Kenia hüpften seine Au-
genbrauen ständig auf und ab, genau wie sein Hintern. Immer
wieder sprang er zwischen seinem Sitz und meinem Schoß hin
und her, als könnte er sich nicht entscheiden, was bequemer war.
Doch wir schauten uns in aller Öffentlichkeit einen Film an – etwas, das uns nie zuvor gelungen war!

Beim Abspann fragte ich ihn, welcher Teil ihm am besten gefallen hatte. Ich dachte, er würde jetzt die Löwen, Leoparden, Gnus
oder beeindruckenden jungen Männer erwähnen, die der afrikani-
schen Landschaft die Stirn boten. Stattdessen schrieb er, wie sehr
ihm der Hüpfwettbewerb der Mädchen gefallen hatte.

»Was hat dir daran gefallen?«, fragte ich.

**Mom, sollten wir nicht alle bereit sein, große Freudensprünge
für Gott zu machen, immer höher und höher?**

Natürlich. Warum hatte ich es nicht gleich gewusst?

Ich half ihm aus dem Wagen und durch das Parkhaus des gewaltigen Einkaufzentrums. Instinktiv packte ich seine Hand so fest,
dass er nicht ausbüxen konnte. Die automatischen Schiebetüren
gingen auf, wir gingen hinein und trieben sofort in einem Meer
von Menschen. Sie erinnerten mich an Fischschwärme, die mal
hierhin, mal dorthin schwammen, auf der Suche nach etwas Un-
bestimmtem.

Bisher hatte ich mich davor gescheut, mit Josiah weitläufige Geschäfte – vor allem Einkaufszentren – aufzusuchen. Wenn ich
nicht schnell verschwinden konnte, kam ein Aufenthalt gar nicht
erst infrage. Zu oft hatte ich die kompletten Ausraster miterlebt,
bei denen ich ein schreiendes, um sich tretendes Kind zum Auto
schleppen musste.

Doch als in diesem Jahr in der *Mall of America* der Benefizlauf
der Non-Profit-Organisation *Autism Speaks* abgehalten worden

war, hatte es bei Josiah einen Umschwung gegeben, sodass es ihm jetzt hier gefiel. Eigentlich müsste man meinen, die Überreizung würde ihm zusetzen, doch irgendwie hatte das konstante Gewusel eine beruhigende Wirkung auf ihn. In kleineren Läden hingegen passierte es leicht, dass er sich zu sehr auf die einzelnen Eindrücke und Geräusche konzentrierte. Wie ungebetene Gäste drängten sie sich mit schriller Gewalt seinen Sinnen auf und richteten verheerende Verwüstung bei uns allen an.

»JoJo, was hältst du davon, wenn wir erst etwas essen, bevor es hier um fünf Uhr so voll wird?«

Ich dirigierte ihn zur Schlange vor dem Essensstand und fünf Sekunden später fing er an, sich danebenzubenehmen.

»Josiah, was treibst du da?« Er hatte sich über das Absperrseil gelegt und schaukelte wie ein Affe vor und zurück, während mir die Schamesröte ins Gesicht stieg. »Hör auf!« Doch er beachtete mich gar nicht. Ich zwängte mich zwischen ihn und das Seil, um ihn so von seinen Turnübungen abzuhalten. Schade nur, dass ich nicht in der Lage war, auch die Blicke der umstehenden Menschen abzublocken.

Sobald ich Josiahs Essen bekommen hatte, nahm ich ihn an die Hand und eilte mit ihm im Schlepptau zum *Noodels & Company*-Stand, um mir einen Salat zu holen. »Hier rüber, Josiah.« Wir suchten uns zum Essen eine ruhige Ecke aus, wo ich ein wenig einseitige Konversation betrieb, während er seinen Hamburger ohne Brötchen und ein Eis verschlang. Nachdem er aufgegessen hatte, war es nicht schwer zu erraten, wo er als Nächstes hinwollte. In das Geschäft, das er auch mit verbundenen Augen finden würde: den Spielzeugladen.

Während wir den Gang hinunterstapften, kamen wir am Spieleparadies mit den kreischenden Kindern vorbei, doch Josiah schenkte dem Trubel keinerlei Beachtung. In stetem Tempo drängte er voran. Plötzlich schien etwas in ihm vorzugehen. Er flitzte los, wie ein Hund, der ein Eichhörnchen jagt.

»Josiah, warte! Das ist nicht der Weg zum Spielzeugladen.« O Mann, er war so groß geworden, dass ich ihn kaum noch bändigen konnte.»Josiah, bitte.« Ich verstärkte meinen Griff und versuchte sein Tempo zu drosseln, doch er blieb nicht stehen, bis er mich zu einer Bank vor einem Glasgeländer geführt hatte, auf die er sich mit mir fallen ließ. Na schön, was jetzt? Ich blickte durch das Glas auf die Geschäfte und die Ebene unter uns und in das Schaufenster vor mir, in dem Wohnaccessoires ausgestellt waren. »Was ist los, Josiah?« Ich holte sein I-Pad raus und schaute zu, wie sein Finger über die Buchstaben flog.

Such den Kontakt zu dem netten Mädchen, das immer wieder verstohlene Blicke in meine Richtung wirft, und leiste geistliche Arbeit, indem du kleine beständige Worte äußerst, die den Zweiflern entgegengebracht werden können.

»Mädchen? Welches Mädchen? Josiah, wir sind in einem Einkaufszentrum. Hier gibt es tonnenweise Mädchen. Wovon redest du überhaupt?«

Liebe ist Liebe. Sag ihr das. Ich werde gezwungen sein, meine Liebe zu ihr selbst zu äußern. Jetzt ist es Zeit, den Laden zu rocken, als wäre es Zeit zu feiern. Sag ihr die Worte. Raub ihr den Atem.

Sag ihr, dass Liebe aus der Entscheidung für Gott geboren wird, nicht aus der Entscheidung für den Wicca-Kult.

Hoffnung ist Liebe, nicht noch mehr Vater-Komplexe. Such dir einen geistlichen Vater. Es ist der Vater des Jungen; es ist Gott. Wähle ihn, nicht eine Bruderschaft von Räubern. Denn »du brauchst mich«, sagt Gott.

Mein Herz raste. *O Gott, sag bitte nicht, du erwartest von mir, auf eine vollkommen Fremde zuzugehen, eine Fremde, die noch dazu eine Hexe ist und ihr diese ... Botschaft des Himmels zu überbringen. Können wir nicht einfach zurück zu McDonald's gehen, damit er sich wie ein Affe aufführen kann?*

Ich schaute mich nach rechts und links um, auf der Suche nach der potenziellen Hexe. Es war ja nicht so, dass Gott mir gezeigt hatte, wen er meinte. O nein, er hatte sich ausgeklinkt und mich in der Stille zurückgelassen.

In diesem Augenblick sah ich am anderen Ende des gewölbten Glasgeländers eine Gruppe junger Leute stehen, die alle Anfang zwanzig sein mussten. Konnte Josiah eines dieser Mädchen gemeint haben? Mit ernsten Mienen unterhielten sie sich mit einem der Jungs. Moment. Das Mädchen, das an der Glasscheibe lehnte, trug einen langen schwarzen Umhang.

Warum, Herr? Ist mein Leben nicht schon verrückt genug? Ich fühle mich wie ein gespanntes Gummiband, das kurz davor steht zu zerreißen. Du erwartest nicht wirklich von mir, dass ich das mache, oder? Warum konntest du uns nach dem Zoo nicht einfach nach Hause gehen und ein Nickerchen machen lassen, wie normale Leute?

»Ahh ...«, stöhnte Josiah.

»JoJo, willst du mir sagen, ich soll auf eine Gruppe vollkommen fremder Menschen zugehen und einer Wicca-Anhängerin diese Botschaft überbringen?«

Seine Antwort ließ meinen Puls in die Höhe schnellen.

Ja.

»Aber vielleicht kann sie damit überhaupt nichts anfangen.«

Du musst es ihr sagen.

»Echt jetzt, Josiah. Ich weiß nicht mal, welches Mädchen du meinst. Du musst sie mir schon vorher beschreiben.«

Doch in diesem Moment steuerte die Gruppe auf uns zu. Wenn ich sie jetzt nicht ansprach, würden sie an uns vorbeilaufen und meine Chance wäre vertan. Ich atmete einmal tief durch, fegte alle Vernunft beiseite, sprang auf und winkte ihnen zu. »Entschuldigt bitte.«

Sie drehten sich um. Das Mädchen in dem schwarzen Umhang straffte die Schultern und blinzelte. Ihr dunkles, kastanienbraunes Haar hing lose auf ihre Schultern herab und ihre langen Beine, die in Netzstrumpfhosen steckten, blitzten vorne aus ihrem Kleid heraus.

Ich räusperte mich und brachte ein kleines Lächeln zustande.
»Hi, Entschuldigung, ich wollte dich nicht stören. Hast du kurz
Zeit? Ich würde dir gerne eine Frage stellen, wenn es dir nichts
ausmacht.«

Sie legte eine Hand an die Hüfte. »Klar, worum geht's?«

Nervös trat ich von einem Bein aufs andere. »Kann es sein, dass
du eine Art spirituelle Veranlagung hast?«

Sie warf ihren Freunden einen Blick zu. »Ja, ich denke, das
könnte man sagen.«

»Ähm, ich heiße Tahni, und der Grund, warum ich dich das
frage, ist, dass mein Sohn, Josiah, auch eine solche Veranlagung
hat. Er ist Autist und kann nicht sprechen, aber er kommuniziert
über sein I-Pad.« Mit einer Hand streckte ich ihr das Display entgegen, mit der anderen hielt ich Josiah fest. »Tut mir leid, es ist
schwer zu lesen. Josiah benutzt keine Leerzeichen, also sieht es wie
ein langer, fortlaufender Satz aus. Ich habe dich angesprochen,
weil Josiah gerade eine Botschaft geschrieben hat, die meiner Meinung für dich ist. Würde es dir was ausmachen, wenn ich sie dir
vorlese?«

»Klar, warum nicht?«

Ich holte tief Luft, las ihr den ganzen Text vor und blickte ihr
fragend in die Augen. »Kannst du irgendwas damit anfangen?«

»Ähm, nicht wirklich ...«

Na toll, dachte ich. *So viel dazu.*

In diesem Moment meldete sich das Mädchen mit dem hell-
blonden Bob zu Wort. »Diese Botschaft ist nicht an sie gerichtet.
Da geht's um mich.« Sie zog die Schulter ihres T-Shirts herunter
und entblößte ein Tattoo: Ein fünfzackiger Stern in einem Kreis –
ein Pentagramm. »*Ich* gehöre dem Wicca-Kult an«, erklärte sie.
»*Mir* sagt man nach, ich hätte Vaterkomplexe. Während Sie vorgelesen haben, wurde mir heiß. Diese Worte beziehen sich auf *mich*.«

Luft drang wieder in meine Lungen und ich blickte zu dem
Mädchen im Umhang. »Entschuldigt das Missverständnis. Dein

Outfit hat mich auf die falsche Fährte geführt.« Ich kam mir wirklich dumm vor, daher versuchte ich jetzt, mich nur auf das blonde Mädchen zu konzentrieren. »Na schön, jetzt, wo du weißt, wie die Botschaft lautet, hast du eine Ahnung, was sie zu bedeuten hat?« Einer ihrer männlichen Freunde meldete sich zu Wort. »Sam, ich glaube es bedeutet, dass du nicht mehr eine Wicca sein sollst.« »Mir macht das gerade ein wenig Angst«, gestand ich ihnen. »Ich meine, wie kann so was passieren? Wir befinden uns im größten Einkaufszentrum Amerikas und der Gott des Universums, der christliche Gott hat es so hingebogen, dass sich unsere Wege kreuzen, genau zum richtigen Zeitpunkt, um dir diese Botschaft zukommen zu lassen. Sam, was hältst du davon?«

»Ich weiß wirklich nicht, was ich davon halten soll«, meinte sie. »Ich glaube an eine höhere Macht, aber nicht wirklich an einen Gott, so wie Sie es tun. Früher war ich Lutheranerin, aber seit der neunten Klasse nicht mehr in der Kirche. Mann, das ist echt abgefahren. Ich weiß wirklich nicht, wie ich darauf reagieren soll.«

»Nun, weißt du, was ich denke?«, fragte ich sie. »Ich finde es unfassbar, dass jemand da oben dir so dringend diese Botschaft übermitteln will, dass er eine Mutter und ihren autistischen Sohn, zwei vollkommen Fremde, dafür einsetzt.«

»Ich weiß«, meinte sie. »Ich weiß nicht, was ich sagen soll.«

»Schon in Ordnung. Das ist ein bisschen viel auf einmal. Kannst du mir vielleicht deine E-Mail-Adresse geben? Ich würde dir die Botschaft gerne schicken, damit du sie später in Ruhe lesen kannst.«

»Klar.« Sie schrieb mir die Adresse auf. Ich wandte mich dem Rest der Gruppe mit offenen Armen zu. »Hey, es war schön, euch kennengelernt zu haben. Danke, dass ihr so viel Geduld mit mir hattet.«

Mir schlug das Herz bis zum Hals, selbst als wir uns schon verabschiedet hatten. Ich wusste genau, was ich als Nächstes tun wollte. Gemeinsam mit Josiah ließ ich mich wieder auf der Bank nieder. »Kannst du mir mal bitte erklären, was da gerade passiert ist?«

Doch er gab mir keine Antwort. Stattdessen verfasste er eine weitere Botschaft für Sam.

Gehorche mir, nicht den unheiligen Wicca oder kleinen Dämonen-Orden, die dich verhöhnen, kränklich, mit echter Spucke auf deinem Gesicht. Ich bin der Gott des informativsten Kosmos, der dich sieht. Die Wahl ist entschieden. Ich habe angedockt, habe das Party-Girl mit offener Offenbarung kodiert, was sie jetzt nicht mehr loslässt.

Das Problem ist, dass du wirklich alles infrage stellst, aber mein Werk sagt dir, dass Rosen meine Liebe beweisen. Mein Werk muss noch in Bewegung versetzt werden. Es ist wie Bilder für deinen Kopf. Es ist wie Anbetung für deine Worte. Wähle, wähle, wähle, Sam. Der Heilige wählt dich. Der allerhöchste Gott Jehova ist mein Name. Die Poesie wird sich verdoppeln, wenn du dich für mich entscheidest, nicht für Wicca, nicht für die benannten und unbenannten Götter, die Dämonen sind.

Jesus ist die größte Hoffnung, die du jemals finden wirst. Könnte er weit entfernt sein, oder so nah wie »Oh, mein Gott!« Sprache ist sehr ungewohnt für mich. Ich mühe mich mit diesem glühenden Papa ab, der meinem Geist diesen kleinen Hieb verpasst! Ich bin gezwungen, meine Hände zum Himmel zu strecken und zu rufen: »Ich wähle Gott! Ich wähle Jesus! Ich wähle Daddy! Ich wähle den Papa des Jungen. Ich wähle die Tochter! Ich wähle das Ja, das sich für mich entscheidet, weil ich so wertvoll für Gott bin, dass ich kaum erwarten kann, das Leben wiederzuhaben!«

Ergötze dich daran, Sam. Die Wahl ist entschieden. Mein Werk, dich wie eine Tochter zu lieben. Entscheide dich für mich, um einen neuen Weg zu bahnen, den Herrn des Jungen nachzuahmen, nicht den Herrn der Hexen.

Auf dem Weg nach Hause hatte ich die ganze Zeit Sams Gesicht vor Augen. Als ich mich auf der großen Couch in unserem

Keller niedergelassen hatte, beschloss ich, ein Vorwort zu Josiahs Botschaft zu verfassen.

Liebe Sam,

ich bin froh, dass du mir deine E-Mail-Adresse gegeben hast! Tu mir bitte nur einen Gefallen: Lies die folgenden Zeilen unvoreingenommen und mit offenem Herzen. Wenn du deinen Geist öffnest und nicht verschließt, wirst du in deiner Seele vielleicht die Bestätigung finden, dass diese Botschaft wahr ist und für DICH bestimmt ist. Dir ist bestimmt klar, dass ich nichts von dir will, außer dir eine Nachricht zuzustellen, die dir sagt, dass du geliebt bist. Das ist alles. Ich überlasse es dir, ob du weitere Fragen stellen möchtest oder einfach noch mal darüber sprechen willst. Ich helfe dir gerne weiter, sofern ich das kann.

Per Copy-Paste-Funktion setzte ich die beiden Nachrichten zusammen. O Junge, wenn Sam Gott gestattete, durch die Mauern in ihrem Geist zu brechen, würde sie erkennen, wie weit seine Liebe der eines irdischen Vaters überlegen war. Gott wollte unbedingt diese liebevolle Beziehung mit ihr eingehen – aber war sie dazu bereit? Ich betete dafür, dass dem so war. Dann drückte ich auf *senden.*

Ich wusste nicht, ob Sam sich jemals ändern würde, aber ich wusste mit Sicherheit, dass ich mich verändert hatte. Mir war schon immer klar gewesen, dass Gott keine Lieblinge hatte, er liebte uns alle gleichermaßen, doch jetzt war ich mir *absolut* sicher. Es gab kein *wir* und *die.* Gott hielt Menschen anderer Religionen nicht auf Abstand, während er uns als die Seinen betrachtete. So war er einfach nicht. Egal, wie weit wir uns von ihm entfernten, er würde uns immer nachgehen – selbst im größten Einkaufszentrum Amerikas.

Okay, Daddy. Also war es doch kein Scherz, als du sagtest, heute würde im Einkaufszentrum eine Überraschung auf mich warten. Danke, dass du mir die Kraft gegeben hast, diese neue Denkweise anzunehmen. Und bitte verpass meinem Mut einen Schub – nur für den Fall, dass du noch mal so was mit mir vorhast.

18
Ein neues Klassenzimmer

»Ich gebe dir ein Darlehen, indem ich dir die Augen
öffne; arm im Geist heißt nicht arm in Gott.«

Josiah Cullen

Sommer 2013
Ich streichelte Josiahs Rücken, während er sein Vanilleeis in sich
reinschaufelte. »Das ist wirklich großartig«, sagte ich ihm. »Nach
dem Sommer wirst du vom *Partners Institut* in eine Klasse für
Autisten an einer öffentlichen Schule versetzt.«

Er schleckte sich mit der Zunge das Eis rund um den Mund
weg, während ich nach einem Tuch griff, um den Rest zu beseiti-
gen. »Damit dir der Wechsel etwas leichterfällt, werde ich dich die
verbleibenden Montage im Sommer am *Partners Institut* schwän-
zen lassen. So könnten wir ein paar extra-lange Wochenenden zusammen verbringen. Wär das nicht toll?«

Seine Antwort bestand aus zwei einfachen Worten: **feminine
Montage.**

Ich lachte. »Super Name. Gefällt mir.«

Im Laufe der nächsten Monate besuchte ich mit ihm Parks,
Museen, idyllische kleine Städtchen und Kunst-Locations wie den
Skulpturenpark in Franconia. Ich lachte, als er auf den überdimen-
sionalen Skulpturen herumkletterte.

»Wie gefällt es dir hier?«, fragte ich ihn.

Ich finde es toll, weil ich Berge besteigen kann, um zu spüren, dass die besten Fragen beantwortet sind und ich über die rätselhaften Beziehungen nachdenken kann.

Bevor wir uns eines Montags auf den Weg zu einem Park machten, äußerte er einen sehr ungewöhnlichen Wunsch: **Spiel mir heute Country-Musik vor, das wird mir verrückte Wahrheiten über die Herzen der Menschen offenbaren.**

Wie bitte? Wie seltsam. Joe und ich hörten keine Country-Musik. Doch ich tat ihm den Gefallen und ließ während der Fahrt einen Countrysender laufen.

Als wir ankamen, mussten wir feststellen, dass der Park von Pfadfindermädchen und ihrer aufblasbaren Partyausrüstung überlaufen war. O nein. Sie hatten eine Hüpfburg aufgestellt. Mir blieb kaum Zeit zu überlegen, als Josiah schon losrannte.

»Hey, warte! Wir müssen erst fragen, ob du da drauf darfst.« Ich jagte ihm den ganzen Weg hinterher und fragte die Dame, die vor der Hüpfburg stand atemlos:»Kann ich vielleicht dafür bezahlen?«

»Nein, tut mir leid. Aus versicherungstechnischen Gründen dürfen nur Kinder aus dem Camp da drauf.«

»Josiah, warte!« Doch es war zu spät. Er hatte bereits seine Schuhe ausgezogen und war zu den Mädchen hineingehüpft.

Mir brach der Schweiß aus, während die Kinder und Erwachsenen mir dabei zusahen, wie ich mich durch die enge Öffnung zwängte. Hin und her schwankend versuchte ich meinen Sohn zu ergreifen, der sich irgendwie immer nur wenige Zentimeter außerhalb meiner Reichweite befand. Femininer Montag – von wegen.

»Josiah, komm sofort her. Es reicht. Stopp!«

Er schlug und trat um sich, während ich hinter ihm herstürzte und nach ihm grapschte. Als ich ihn endlich aus der Hüpfburg bugsiert hatte, riss er sich die Brille vom Gesicht und warf sie auf den Asphalt.

»Na toll. Schau, was du angerichtet hast. Du hast deine gute Brille verkratzt.«
Vollkommen niedergeschlagen fuhr ich weinend davon.
Gott, das ist einfach alles zu viel.
Zehn Minuten später entdecke ich ein ruhiges Fleckchen Natur und hielt an, um auf einer Bank eine kurze Pause einzulegen.
»Was war los, JoJo?«
Dort, unter einer Pappel, schrieb mein Sohn seinen ersten Country-Song.

Poor Man's Gospel
    (Das Evangelium des armen Mannes)
Kiss me, Jesus, please
    (Küss mich, Jesus, bitte)
I won't charge you any fees
    (Ich werde dir nichts berechnen)
Telephone is a game man plays
    (Stille Post ist ein Spiel der Menschen)
Resist foolish man's ways
    (Spiel nicht nach den Regeln des törichten Mannes)
Quote me now, quote me then
    (Zitier mich jetzt, zitier mich dann)
Reason lends a silly den
    (Vernunft bietet ein absurdes Versteck)
Rise to the cream of the crop
    (Werde zur Crème de la crème)
Roses are buds pending a pop
    (Rosen sind Knospen, die noch aufspringen müssen)
Poor man's work is best forgotten
    (Die Arbeit des armen Mannes vergisst man besser)
It is rotten, rotten, rotten
    (Sie ist verdorben, verdorben, verdorben)

Hear me now, believe me later
(Hör mich jetzt, glaube mir später)
Swearing tends to make a crater
(Fluchen hinterlässt meistens einen Krater)
Kiss me, Jesus tears a rollin'
(Küss mich, Jesus, die Tränen fließen)
Kiss me now, peace is flowin'
(Küss mich jetzt, es strömt der Frieden)
Viele Menschen werden das erkennen, fügte er hinzu.

Als der Sommer sich seinem Ende neigte, gingen Joe und ich mit Josiah zu der vorgeschriebenen psychologischen Untersuchung, die vor Schuleintritt stattfinden musste. Weil ich so viel um die Ohren hatte, war ich in letzter Zeit innerlich hin und her gerissen. Mir gingen die Worte der Therapeutinnen vom *Partners Institut* einfach nicht aus dem Kopf: *Es schmerzt uns wirklich, Josiah gehen zu lassen, aber anscheinend bringt ihn die angewandte Verhaltensanalyse-Therapie mittlerweile nicht mehr weiter ... Es fällt ihm schwer, sich auf Aufgaben zu konzentrieren, die meiste Zeit wirkt er gelangweilt und abwesend ... Es wird Zeit, dass er sich einer neuen Herausforderung stellt.*

Nach sechs Jahren und Vierzig-Stunden-Wochen an ein und demselben Ort war es seltsam, nun zu neuen Ufern aufzubrechen.

Ich öffnete die Tür zum Büro des Psychologen. »Ich erwarte ein vorbildliches Benehmen von dir«, ermahnte ich Josiah.

Was tat er also, sobald er den Raum betrat? Er sprang mit einem großen, eleganten Satz in den Mülleimer.

Der Psychologe rückte seine Brille zurecht. »Wie wär's, wenn wir nach nebenan gehen?«

»Kannst du diese Farben sortieren?«, fragte er. Ich wand mich innerlich, als er gegenüber von Josiah Platz nahm, da Josiah es immer lieber hatte, wenn man neben ihm saß. »Konzentrier dich«, sagte er und drückte einen Quietsche-Frosch.

Josiah grunzte und schenkte dem Spiralblock, auf dem er die Formen antippen sollte, kaum Beachtung. Stattdessen versteckte er sich hinter meinem Stuhl. Der Psychologe versuchte es nun mit Plan B und blies ein paar Luftblasen in die Luft, die Josiah artig zwischen den Händen zerklatschte. »Vielleicht sollten wir ihm die Chance geben, zu sagen, was los ist«, meinte Joe. »Josiah, sag deiner Mutter, was dich stört.«

Ich zog mein I-Pad aus der Tasche und hielt es fest, während Josiahs Finger geradezu schmerzhaft langsam über das Display kroch. »Mach weiter«, sagte ich. Dann zeigte ich Joe, was er geschrieben hatte.

Der Mann stellt bescheuerte Kinderfragen. Ich will jetzt gehen.

Joe und ich warfen dem Psychologen einen Blick zu und mussten ein Lachen unterdrücken.

»Puh«, sagte ich, als wir die Autotür zuzogen. Dann brachen Joe und ich in schallendes Gelächter aus. »Also, was den Test anging, war er nicht gerade kooperativ, aber zumindest machte er deutlich, was er davon hielt. Hey, kannst du dir vorstellen, was passiert wäre, wenn wir dem Psychologen wirklich alles erzählt hätten?«

Joe gluckste. »›Tja wissen Sie, unser Sohn hört Stimmen und hat himmlische Begegnungen mit Engeln.‹ Ja, die würden sich wahrscheinlich eine komplett neue Kategorie für seinen Zustand ausdenken.«

»Ja«, stimmte ich ihm zu. »Oder für mich.«

Ich drehte mich um und lächelte Josiah, unseren kleinen fantastischen Jungen, an. In letzter Zeit hatte ich Zitate aus dem Film *The Help* benutzt, um Josiah zu motivieren, also wiederholte ich jetzt diese lebensspendenden Worte. »Josiah, *du bist klug, du bist freundlich, du bist wichtig*. Oh, und du wirst über alle Maße geliebt.«

Eine Woche vor Schulbeginn, als ich gerade in der Küche einen Eintopf kochte, beobachtete ich, wie Joe auf der Couch seinen Arm um Josiah legte.

»Ich weiß, wie du dich fühlst, JoJo«, sagte er. »Als ich neun war, gerade mal ein Jahr älter als du, zog meine Familie von New York nach North Dakota. Damals war ich mir auch nicht sicher, ob ich mich an der neuen Schule wohlfühlen würde. Doch schon nach einer Woche gefiel es mir dort richtig gut. Hey, ich hab eine Idee. Wie wär's, wenn wir beide losziehen, um dir ein paar neue Klamotten für deinen ersten großen Tag zu besorgen? Und nach dem Abendessen fahren wir zu Walmart und kaufen dir einen Rucksack.«

Joe machte ein Foto. Er dokumentierte diese wichtige Phase des Erwachsenwerdens und mein Mutterherz schwoll vor Freude.

Nach dem Abendessen kuschelten wir uns zu dritt auf die Couch, um uns die Vorbereitungsmappe anzusehen, die wir von der Schule bekommen hatten.

»Hier ist ein Bild von deiner neuen Schule«, sagte ich. »Guck mal, wie freundlich diese Hilfskräfte aussehen.«

»Was geht dir durch den Kopf, Kumpel?«, fragte Joe.

Josiah wirkte müde, als er seine Antwort tippte. Ich hoffe, ich verstecke mich nicht in meiner Sardinenbüchse. Sardinen sind bekannt für ihre kleinen Büchsen, aber in diesen Büchsen ist ihre Bewegung sehr eingeschränkt. Tauche in den Ozean, um zu sehen, wie sie wirklich leben. Sie sind so frei und silbern. Das Schicksal wird durch Prüfungen auf die Probe gestellt, doch bleibt in Formation, um euch vereint gegen die Netze der vielen Fischer zu widersetzen, die versuchen, euch eurer jetzigen Freiheit zu berauben.

Eigentlich schlug sich Josiah an seinem ersten Tag ganz gut, doch laut seiner Lehrerin hatte er kurz nach Betreten des Schulgebäudes beschlossen, am Klassenzimmer vorbeizulaufen und zu den Schaukeln abzuhauen. Was mich natürlich in keinster Weise überraschte. Am *Partners Institut* hatte der Tag immer mit einer Runde Schaukeln begonnen.

Aus irgendeinem Grund behagte es Josiah nicht, sich mit den anderen Kindern in einen Halbkreis zu setzen. Stattdessen sprang er auf und quetschte sich auf die Fensterbank.

Jetzt, wo er neben mir saß, erklärte er bruchstückhaft, wie sehr er sich missverstanden fühlte und wie die anderen anscheinend nicht begreifen konnten, dass er ein Gehirn besaß.

Weil ich die Situation so nicht hinnehmen wollte, machte ich einen Termin mit seiner Ergotherapeutin und seiner Sprachtherapeutin aus. Es war an der Zeit, ihnen zu zeigen, wie er mit mir über das I-Pad kommunizierte.

Ihr aufmerksamer Blick trieb meinen Puls in die Höhe, während ich Josiahs Arm stützte. Das war's. Ich hatte gehofft und gebetet, dass diese Präsentation etwas bringen würde, dass sie Josiah vielleicht sogar beibringen könnten, mit einer Computertastatur umzugehen.

Die Ergotherapeutin brach das Schweigen. »Wow. Sehr interessant. Sehen Sie nur, wie ruhig er bei Ihnen ist. Bei uns sitzt er nie so still da. Uns zeigt er sich von einer ganz anderen Seite.«

»Oh, auch bei mir ist er nicht immer so«, gestand ich. »Sie sollten sich mal *A Mother's Courage* ansehen. Da können Sie noch mehr über die Rapid-Prompting-Methode erfahren, mit der das alles angefangen hat.«

Doch der gleichgültige Ausdruck in ihren Augen sagte mir, dass sie sich nie die Mühe geben würden, auf diese Weise mit Josiah zu kommunizieren. Aber ich war fest entschlossen, mich deswegen nicht aufzuregen. Dann bekam Josiah von der Sonderpädagogin ein paar Denkanstöße für zu Hause und ich hatte wieder etwas gefunden, für das ich dankbar sein konnte.

Eines Tages teilte uns die Lehrerin mit, dass sie einen von Josiahs Aufsätzen einer Klasse von nicht behinderten Kindern vorlesen wollte. Ich war gespannt, wie sie darauf reagieren würden.

Laut der pädagogischen Hilfskraft hatte Josiah sich neben die Lehrerin vor die Klasse gestellt, während sie seine überzeugende Lobrede auf Schaukeln lebhaft vortrug.

Ich stellte mir vor, wie schwer es für Josiah gewesen sein musste, in diesem Klassenzimmer zu stehen, in dem er so gerne seinen festen Platz hätte. In einer Klasse mit ganz normalen Kindern, die die normalen Freiheiten genossen und normale Leben führten.

Es brach mir das Herz, als ich erfuhr, dass er nur während des Musikunterrichts Umgang mit den Kindern ohne Behinderung hatte, oder wenn er ihnen die angespitzten Bleistifte brachte. Das schreckliche Video von der Autismus-Tagung schoss mir wieder wie ein Pfeil durch den Kopf: »Wir sind schon froh, wenn wir ihnen ein paar funktionale Fähigkeiten wie das Zerquetschen von Dosen oder das Zerschreddern von Papier beibringen können.«

Lieber Gott, Josiahs Verstand ist so scharf wie die Bleistifte, die er anspitzt. Ich flehe dich an – bitte bewahre ihn davor, an seinen inneren Konflikten zu zerbrechen.

19
Offener Himmel

»Mutige Menschen singen, selbst wenn keine Melodie ertönt. Sie spielen die Noten, die sie in ihren Herzen hören.«

Josiah Cullen

Josiah und ich machten es uns in meinem Zimmer unter einem Zelt aus Decken mit unseren I-Pads gemütlich. »Wie genau spielt sich so eine übernatürliche Erfahrung eigentlich ab?«, fragte ich ihn ganz nüchtern. »Reden wir hier von Träumen und Visionen? Es wäre toll, wenn du mir helfen könntest zu verstehen, wie das vor sich geht.«

Er öffnete sich mir wie ein menschliches Lexikon.

Eine offene Vision ist, wenn ich etwas wie einen Filmstreifen vor meinen Augen sehe, es aber noch nicht passiert ist. Also sehe ich es, als würde es passieren, und ich sehe es, wenn ich wach bin. Ich sehe es mit meinen geistlichen Augen, wie ganze Bilder. Also kann ich es anheuern, sodass es im Gebet ausgeführt wird. Eine geschlossene Vision besteht aus Symbolen oder Szenen, die für etwas anderes stehen, um es besser zu verstehen. In meinem Geist sehe ich andauernd geschlossene Visionen.

Ein Traum ist Schlaf, dem angeordnet wurde, Wahrheiten einzuläuten, die der Geist dir sagt, ohne dass du dich näher damit befasst. Also, westliche Kirche, arbeite daran, endlose Träume zum

Ausdruck zu bringen, weil du so gefangen bist in der Logik. Stelle diese Wahrheit auf die Probe: Gott nutzt all das, um mit uns zu reden.

Hören ist, wenn ich höre, wie etwas gesagt wird. Es ist wie Musik in meinem inneren Ohr, die die Stimmen von Gott, Jesus und den Engeln wiedergibt, um es dir dann zu sagen. Das hat es also mit dem Hören der Stimmen auf sich, auf die Frequenz des Himmels eingestellt, um die Kluft zu überbrücken.

So sehr mich seine Worte begeisterten, wollte es mir kaum gelingen, sie zu begreifen.

»Bitte versteh mich nicht falsch, Schätzchen, aber woher weißt du, dass du nicht halluzinierst oder dir die Stimmen einbildest?«

Verwirf den Gedanken. Es findet nicht in meinem Kopf statt, also sind es keine Einbildungen oder Halluzinationen. Tragischerweise würden verleumderische, verunsichernde, ungläubige Ärzte vielleicht etwas anderes behaupten, aber was soll's. Na und?

Meine Aufgabe ist es hinzuhören, und wenn ich sprechen kann, werde ich beweisen, dass ich mit meinen Hinweisen nur meine geistlichen Boten zitiere, nicht mich selbst, wenn ich diesen Ort von der Frequenz des Himmels trenne.

Auch Dämonen werden versuchen, dieses Frequenzgeräusch infrage zu stellen, aber »such dir einen anderen Sender, Satan, du gehörst hier nicht hin, also verschwinde aus dieser Frequenz. Sie ist auf die Worte meines Gottes eingestellt, nicht auf deine.«

Ich starrte in sein erhelltes Gesicht, das vom Schein des I-Pads unter der Decke angeleuchtet wurde, und schauderte. »Na schön. Wie erlebst du den Himmel? Ich meine im Traum oder als Vision?«

Mein Geist wird in den Himmel getragen. Ich bin nicht wach, aber es ist kein Traum, weil es mir in echt passiert, als wäre ich gleichzeitig bei klarem Verstand und in meinem Geist.

Es scheint jede Nacht zu passieren, glaube ich. Engel kommen, um mich zu holen. Es ist nicht immer derselbe. Er macht ein raschelndes Geräusch und wir rauschen durch die Wolken, um es uns in den geistigen Federn des Wundersamen gemütlich zu machen.

Ich lande an einem Ort der Sprache. Es ist, als wäre alles lebendig. Bäume spenden Beifall. Blätter singen. Schnelle, prächtige Straßen leuchten. Ausladende Springbrunnen sprudeln. Prächtige Ausflüge lassen den faszinierten Schüler sagen:»Dieser Ort ist majestätisch.« Denn es ist, als würden Tage zu Wochen, zu Jahren, zu Jahrzehnten in der einen Nacht werden, die man hier verbringt.

Nachdem ich gesehen habe, was Gott mir zeigen will, werde ich auf selbe Weise zurückgebracht, damit ich meinen Schlaf mit Träumen zeichnen, mich ausruhen und in den meisten Fällen friedvoll erwachen kann.

Das bedeutet mir unglaublich viel, liebe Mom. Ich finde es großartig, dir zu erzählen, was mit mir passiert, damit du eine größere Kostprobe von meiner Welt bekommst.

Wow. Ich fühlte mich warm und zittrig zugleich. Die Vorstellung, dass der Gott des gesamten Universums, der es sich mit mir und meinem Sohn in unserem kleinen Heim gemütlich machte, meinen Sohn auch in sein Haus einlud. Aber wie? Schließlich war Josiah ja nicht gestorben oder hatte eine Nahtoderfahrung gehabt.

Seitdem Josiah mir vom Himmel erzählt hatte, tauchte das Thema immer wieder in all seinen Botschaften auf, besonders mitten in der Nacht.

Stück für Stück, Buchstabe für Buchstabe entfaltete sich das Himmelreich vor meinen Augen und ließ die Erde im Gegensatz geradezu trist wirken.

Der Himmel ist heilig. Gott ist rein wie Glas, nicht fest, sondern klar. Springbrunnen ziehen hohe Bögen und tänzeln umher, als würde das Wasser in die Luft springen und hüpfen.

Gewaltig große Seen von gigantischen Kristallen erstrahlen in Farben, die in jeder Hinsicht umwerfend sind. Teiche sind dort riesig. Lila ist das höchst Lilafarbenste dort. Es ist bewegend, all die großen agilen Menschen zu sehen, von denen keiner alt oder krank oder lahm ist.

Ich sog seine Worte wie einen köstlichen, frischen Atemzug in mich auf. »Oh, Josiah, was für ein unglaublicher Ort. Erzähl mir mehr darüber.«

Gott zeigte mir, dass sein Name in seiner Freude Papa ist. Er ist in jederlei Hinsicht nett. Er zeigt mir, dass ich sein Kind bin. Als würde ich ihm unglaublich viel bedeuten. Ich bedeute ihm unglaublich viel!

Es war großartig, neben seinem Thron zu stehen und ihn sagen zu hören: »Ich bin die Sprache eurer Gemälde, eures Lauschens, eurer Gedichte und Lieder. Ich bin die Sprache eurer Hoffnung und die Sprache eurer Gerechtigkeit.«

Mein Leben in seinen Händen ist reine Freude. Er zeigt mir neue Ideen für Gerechtigkeit. Er erzählt mir von Königen und Regierungsoberhäuptern und zeigt mir die Pläne, die er für die Menschen in unserem Leben hat. Er ist nicht nur mein Papa, er ist unser aller Papa.

Meine Gedanken wirbelten zu den Worten, die Josiah kürzlich über spezifische wissenschaftliche Lösungsansätze verfasst hatte. Einer davon befasste sich sogar mit Autismus. *Halt, stopp,* hatte ich mir gesagt. *Was soll ich, eine ganz gewöhnliche Mutter, mit all dem anfangen?*

Ich leitete den Text an zwei meiner engsten Vertrauten weiter, die ihn in einem Gespräch mit zwei Freunden, die beide Ärzte waren, beiläufig erwähnten. Die Ärzte waren erstaunt über Josiahs Verständnis von Biologie und meinten, dass seine wissenschaftlichen Überlegungen durchaus realisierbar seien und tatsächlich Potenzial hätten.

Interessanterweise war Josiah nicht bereit, alles über seine Erfahrungen im Himmel preiszugeben. Ihm zufolge wollte Gott nicht, dass er bestimmte Dinge enthüllte.

»Damit kann ich leben.« Wie sollte es auch anders sein, wo er doch bereits so viel beschrieben hatte? Er hatte so viele Mysterien enthüllt und damit meinen Horizont erheblich erweitert.

Es gibt viele Hinweise im Himmel, wie helle Lichter, die auf winzig wirkende Kaninchenlöcher gerichtet sind. Aber steck den Kopf rein, dann sind sie gar nicht mehr klein. Man braucht keine langen Stunden, um mehr Jahre zu sehen, als man jemals in seinem Leben erleben könnte.

Eines Nachts beschrieb Josiah, wie er in einer Art Seilbahn zum Himmel hochgefahren war. **Diese Seilbahn führt durch einen Tunnel und ich bin wertgeschätzt genug, um hindurchzufahren. Der Anblick der Sterne ist jenseits aller Vorstellungskraft! Ich habe Orte wie den Mars gesehen und mich den ganzen Weg zum Himmel mit dem Engel geneckt.**

Der Engel war groß und schnell. Er sah wie einer der Erzengel aus, aber war nicht einer von den Ranghöheren. Er war freundlich. Er schmetterte in eine Trompete. Ich kam an dem Ort zu Füßen des Meisters an. Jesus' Füßen. Er ist unglaublich. Eine Stunde lang wurde mir für meine Arbeit auf der Erde gedankt, als wäre ich ein besonderer Schatz eines Königs.

In einer anderen Nacht erzählte mir Josiah, dass die Engel ihn regelmäßig zur Schule im Himmel schickten. Sie führten ihn zu einem Gebäude ohne Wände, wo er Umgang mit anderen Kindern hatte, von denen manche noch auf der Erde lebten. Ich konnte es nicht begreifen, aber er beschrieb das Lernen als »mühelos und vergnüglich.« Das Wissen wurde wie »ein musikalischer Download« gespeichert.

In einer speziellen Klasse mit etwa fünfzig Kindern saß Josiah mit zwei anderen an einem dreieckigen Tisch. Manchmal wurde der Unterricht von Jesus gehalten, doch meistens waren die Lehrer die großen Dichter und Denker, die zu ihren Lebzeiten wichtige Lektionen gelernt hatten. Nachdem diese Menschen ihren Vortrag beendet hatten, traten ihre Engel vor und erzählten ihre Sichtweise der Geschichte. So bekamen die Schüler eine ganzheitliche, ausgewogene, geistliche Perspektive geboten, die auch hinter die Kulissen blicken ließ.

Eines Tages wurde Josiahs Klasse von Abraham Lincoln unterrichtet. Nachdem Lincoln ein wenig von seinem Leben erzählt hatte, erklärte Abrahams Engel, wie er Lincoln eine innere Unruhe eingegeben und ihm damit seine Inspiration und Motivation zum Handeln gegeben hatte. Das war der Zeitpunkt, an dem Lincoln die Überzeugung entwickelte, die Sklaverei müsse abgeschafft werden, schon allein weil Jesus für die Freiheit der Menschen gestorben war. Es begann mit einem kleinen inneren Schubs. Und damit war der Gerechtigkeitssinn in Lincolns Geist geweckt.

Abraham Lincoln und sein Engel hielten mich dazu an, geistlich gewahr zu werden, was auf der anderen Seite des Vorhangs, auf der Seite der Erde, passiert. Weil die Zukunft die Vergangenheit aufmischen wird. Ich habe es gesehen! Geistliche Funken werden die Fesseln der Sklaverei der schwarzen Männer und Frauen zersprengen, um dem verlorenen Segen der Freiheit Amerikas zu widerstehen.

Du meine Güte. Was genau eröffnete mir Gott hier gerade? Welche Auswirkungen würden all diese unglaublichen Offenbarungen auf unser Leben haben?

Vor Spannung hielt es mich kaum noch auf meinem Platz, als er mir erzählte, was er in Moses Unterricht erfahren hatte.

Mose erzählte mir, dass als er auf dem Felsen stand, der Engel seine Arme stützte, nicht nur Aaron und Hur. Engel hielten seine Zweifel in Schach. So wie es heute bei uns ist.

Der Unterricht im Himmel wird von den brillantesten Köpfen gestaltet, die je gelebt haben. Mom, ich bin so wohlhabend in meinem mysteriösen Klassenzimmer, in dem ein dreieckiger Tisch steht, um drei Ansichtsweisen ausgiebig zu diskutieren. Nicht einer von uns, wir alle arbeiten zusammen wie eins, um die Wunder zu verkünden, wieder Glauben zu verkünden, um zu zeigen, wie viel besser das Leben funktionieren würde, wenn wir auf Gott hören.

Er steuerte auf den Tisch zu und nahm einen großen Schluck Traubensaft. Mein Herz klopfte aufgeregt, als ich ihn zur Couch zurückzog, damit er weitererzählte.

Ich sah, wie Renoir seine bedeutendste Leinwand bemalte. Ich hörte, wie Bach mächtige Werke erschallen ließ, auf das Leben in Gottes Obhut. Einfache Leute brachten die Dachbalken zum Beben, als wäre Kunst Liebe und Lieder Freude.

Ein erstaunlicher Anblick, zu sehen, wie die täglichen Arbeiter dem nachgingen, was sie auf der Erde getan hatten. Wissenschaftler, Chemiker, fröhliche Schreiner, Könige, Reiter, deren Geist von erhabenen, prächtigen Ideen geküsst wird. Im Himmel turnieren sie ständig.

Stell dir diese Schule für die Ewigkeit vor. Jesus wählt die Themen, in denen ich unterrichtet werde.

Echt jetzt? Das nenn ich mal eine geistliche Goldmine! Am liebsten hätte ich all meinen Bekannten davon erzählt, doch ich ließ es bleiben. Es reichte, seine bodenständigen Wahrheiten, Leitsätze und Erkenntnisse, die er regelmäßig von sich gab, auf Facebook zu posten.

Die Leute kommentierten seinen Schreibstil. Eine Sprachwissenschaftlerin schickte mir eine private Nachricht, in der sie voller Überzeugung behauptete, dass ihr im Laufe ihrer langen Praxiserfahrung noch nie ein so einzigartiger Schreibstil wie Josiahs untergekommen sei. Dahinter steckte Gott. Mein Herz war so vom Himmel erfüllt, dass ich hätte platzen können.

Eines Morgens vor dem Frühstück fragte ich Josiah, ob er mir mehr über die anderen beiden Kinder an seinem Tisch erzählen könnte.

Ja. Ja. Normalerweise sitzen diese beiden an meinem Tisch. **Sie sind auch sehr lebendig auf der Erde. Landon ist etwa in meinem Alter und hat hellblondes Haar. Laura ist dauernd künstlerisch zugange und schreibt ihre großen Gedanken in der Sprache der Poesie nieder. Sie ist auch so alt wie ich und keck genug, vielleicht ein Mädchen mit einem wilden Schopf hellroter Haare zu sein. Natürlich ist sie ein nettes Mädchen.**

Ich lachte. »Worüber unterhaltet ihr euch denn so?«

Nur kleine Gespräche, rund um unsere Freude. Wir sind auserwählt, im Himmel zu lernen, um unsere große Welt zu betrachten und unsere Hoffnung in unseren Herrn, in unsere Welt wiederaufzubauen.

»Wie verhältst du dich im Himmel?«

Mir geht es in jeder Hinsicht gut. Ich rede. Ich singe. Ich gehe. Ich renne. Ich kann alles tun, ziehe auf jede geschickte Weise höflichen Nutzen im Himmel.

»Ich würde so gern mehr über die andern fünfzig Schüler erfahren. Was haben sie gemeinsam? Ist irgendwas an ihnen außergewöhnlich?

Meine Klasse wird von Gott dazu angehalten, heilige Fähigkeiten zu erlernen und seinem Weg zu folgen, nicht den ungezogenen Gepflogenheiten Satans.

Reiß dich zusammen, sagte ich mir. »Was macht ihr im Unterricht sonst noch, wenn ihr nicht am Tisch sitzt?«, fragte ich ihn.

Wir gehen raus. Es ist großartig, sich im Himmel umzuschauen und Passanten auf kleinen Pfaden überschwänglich zu grüßen.

Hast du jemals einen heiligen Mann getroffen, der einen riesigen Tempel gebaut hat? Ich schon.

Wenn Gott uns etwas über Geräusche lehren will, macht sein

großes Gebrüll ein Geräusch, und wir sehen es als große Wellen in unseren Augen. Es ist großartig, Geräusche zu sehen, Mom. Mach schon, fass das Geräusch einfach an.

Dies ist meine Nacht der großen Gelehrtheit, indem ich beobachte, wie Ideen funktionieren. Geschichte ist, aus der Perspektive des Himmels zu sehen und kühne Menschen zu würdigen.

»Wo wir gerade von Geschichte sprechen, JoJo, habe ich dir je etwas über Abraham Lincoln erzählt?«

Du hast mir einen Zettel mit den grundlegenden Fakten über ihn als Präsidenten vorgelesen.

»Okay«, sagte ich. »Das hatte ich vergessen. Wie sah Lincoln aus?«

Er war jung, vielleicht um die zwanzig. Alle Leute tragen ein Gewand. Kein Zylinder oder schwarzer Anzug. Kein Bart. Er sieht einfach wie Abraham Lincoln aus, Mom. Man weiß es einfach. Man weiß automatisch, wer die Leute da oben sind.

»Kannst du dich an noch etwas anderes von deiner Begegnung mit ihm im Himmel erinnern?«

Ja. Er war bemerkenswert. Als habe er eine natürliche Jury, um auf das dreiste Leid hinzuweisen, einen Menschen nach seiner Hautfarbe zu bewerten. Sein Leben bestand darin, die Sprache zu bewegen, um alle Menschen als gleich zu betrachten. Das ist eine tolle Sache in den Augen Gottes.

»Unglaublich«, sagte ich. »Was ist mit seinem Engel? Was kannst du mir über ihn erzählen? Hat Abrahams Engel ihn sein Leben lang begleitet?«

Ja. Kein Zuhörer rührte sich, während der Engel sprach, weil sein Name heilig war. Er hieß Nathan. Mir fiel meine große Kinnlade runter.

Josiah sprang von der Couch und rannte den Flur runter. In der Zwischenzeit hatte ich bereits *Nathan* gegoogelt und festgestellt, dass es sich um einen hebräischen Namen handelte, der übersetzt »Geschenk Gottes« bedeutete. Natürlich.

Nachdem ich Josiah eine Weile in seinem Zimmer in Ruhe gelassen hatte, steckte ich gespannt den Kopf durch die Tür. »Möchtest du noch ein bisschen darüber reden?« Er prustete mit der Unterlippe und folgte mir zur Couch. Dort setzte er seine Erzählung nahtlos fort, als hätte er überhaupt nicht aufgehört.

Mir war klar, dass es meine große Nacht war, als ich hörte, wie Nathan sagte, er habe Abraham Lincoln gestützt. In dem Moment sagte er: »Junge von Gottes Feuer, du hast den großen Engel Ronda, der dich stützt. Ist dein Name Josiah?«

Ich antwortete: »Ja.«

Er sagte: »Du musst große Seiten füllen, aber du hast auch große Macht, um auf Menschen zu landen.« Im Prinzip nannte er mich einen großen, gewaltigen Jungen, weil ich in dieser Zeit einfach wieder das Feuer Gottes in seinem Volk entfachte.

Er war etwa knapp drei Meter groß. Er war muskulös. Er sieht ein bisschen wie Jesus aus, ist es aber nicht. Aber er hatte einen Bart wie Jesus. Er trug eine imposante, lange, vergoldete Rüstung. Er hatte keine Flügel, oder wenn er welche hatte, habe ich sie nicht gesehen. Die Rüstung zeigte, dass er eine Art kriegerischer Engel war.

Diese köstlichen Häppchen des Himmels ließen mein Herz höherschlagen. Die Worte, die der Engel an Josiah gerichtet hatte, erinnerten mich an die Worte des Herrn in Jeremia 1. Ich schlug die Verse 4-9 auf. »Hey Josiah, hör dir diese Bibelverse an. *Der Herr sprach zu mir: ›Ich kannte dich schon, bevor ich dich im Leib deiner Mutter geformt habe. Schon vor deiner Geburt habe ich dich dazu bestimmt, dass du den Völkern meine Botschaften überbringst.‹ ›Aber, allmächtiger Herr‹, wehrte ich ab, ›ich kann nicht gut reden, ich bin noch viel zu jung!‹ ›Sag doch nicht, dass du zu jung bist‹, antwortete der Herr. ›Du sollst hingehen, wohin ich dich sende, und sagen, was auch immer ich dir auftragen werde. Vor den Menschen brauchst du keine Angst zu haben, denn ich werde immer bei dir sein und dich retten. Das verspreche ich, der Herr.‹ Dann berührte der Herr meinen Mund und sagte: ›Hiermit habe ich meine Worte in deinen Mund gelegt!‹«*

»JoJo«, sagte ich und strich ihm über den Rücken, »ist dir klar, wie unglaublich das alles ist?«

In dieser Nacht haben wir große Aufgaben und große Engel stützen uns, um es zu bewerkstelligen. Ich bin mein eigenes langlebiges Selbst mit dem Heiligen Geist und mein langlebiger mir zugeteilter Engel bewegt mein Leben im großen Dienst der Liebe. Das ist sehr schön zu wissen.

Ich blickte durch seine schief sitzende Brille in seine Augen. Sein sanftes Lächeln wärmte mir das Herz. *Eine Bestimmung,* dachte ich bei mir, *macht wahrhaft alles aus.*

Ich liebe es, Mom, wenn Jesus mein Gesicht küsst. Wir halten uns an den Händen und wertschätzen gemeinsam die Hallen der Hoffnung. Die Hallen der Hoffnung sind Schönheit, die noch nicht geschehen ist. König Jesus wandelt mit mir die Halle der Hoffnung entlang und sieht meine Zukunft.

Lauf zu dem schillernden Fluss des Lebens. Man kommt trocken wieder raus, nur durchtränkt von Plänen.

Sein großes Tor ist eine Perle. Denn er ist der Herr vergangener, tosender Meere, mächtiger Gebirge und endloser Kilometer Land, er gewinnt eine Perle aus seiner eigenen Hand!

Die natürlichen Straßen sind golden, aber klar, weil sie so rein sind. Keiner kommt an den Himmelspforten vorbei, ohne dass Jesus seinen Namen beherbergt. Das Buch des Lebens ist in ihm, musst du wissen. Wenn Gott ihn ansieht, sieht er dich oder mich.

Diese Worte und Erlebnisse – das alles war einfach überwältigend. Es kam mir vor, als wäre ich in den Fluss von Gottes Liebe gesprungen und von der erfrischenden und reinigenden Kraft einer Welle erfasst worden.

Eines Sonntagnachmittags beschloss ich, Josiah eine wichtige Frage zu stellen, die mir schon seit Längerem durch den Kopf ging. »Also, du hast doch Tantchen dort oben gesehen, oder? Wahrscheinlich triffst du dort auch noch andere Verwandte, oder?«

Ich treffe sie andauernd. Familie ist so wichtig. Ich versuche sie immer aufzuspüren, damit ich Hallo sagen kann. Als Erstes habe ich Opa Ken getroffen. Er ist der Vater meiner Mutter. Er muss so stolz gewesen sein, denn er stellte mich vielen Leuten als seinen lieben großen Enkelsohn vor. Nachdem ich Opa Ken getroffen hatte, bin ich auf meine Oma Mary Anderson und Opa Rusty gestoßen.

Ich schüttelte ungläubig den Kopf. »Das sind meine Großeltern. Du hast sie hier auf Erden nie kennengelernt. Wow, du steckst wirklich voller Überraschungen. Wen hast du sonst noch getroffen?«

Ich sah Onkel Dean, Opa Cullen und Oma Mary Cullen. Ich traf Opa Shea und Tantchen.

Da war sie wieder. Tantchen. Die Verwandte, die diese ganze Geschichte ins Rollen gebracht hatte. An dem Tag, als Josiah zum ersten Mal ihren Namen geschrieben hatte, war unser Leben für immer verändert worden.

Ich sah zahllose Vorfahren von deiner Seite und von Dads, die ihr nie im Leben kennengelernt habt. Oma Alma und Opa John, ja. Alle aus unserer riesigen Familie waren da.

Ken, mein Großvater, kam immer gerne vorbei und sagte: »Mein Junge!« Er war an diesem kleinen Ankunfts- und Abreiseort auf meinem Lichtpfad-Ding, das wie eine Seilbahn aussah. Er lud den Rest meiner Familie ein und sie versammelten sich alle.

Es gab eine fröhliche Feier in diesem riesigen, lebensgroßen Park, Mom. Eine endlose Familie, Mom. Ich begrüßte alle mit großem Hallo und konnte mich fröhlich von allen mit Küssen verabschieden.

»Josiah, das ist unglaublich. Reden sie mit dir?«

Nun, ich bin noch hier auf der Erde und sie nicht, also kommen sie gerne auf mich zu, um sich nach den anderen zu erkundigen. Gerechterweise geben sie mir auch Botschaften für andere mit. Solange sie auf einem breiten Balkon stehen, schauen sie manchmal herab auf unsere große Freude bei Geburten oder Hochzeiten oder unsere mutigen Schritte Gott entgegen. Ich stellte mir vor, wie mein Bruder, mein Vater und Tantchen alle auf mich herabblickten und mich anfeuerten, während ich im Glauben wuchs und mich Gott immer ein Stück weiter näherte.

O Vater, du bist nicht nur ein guter Gabengeber. Du bist ein hervorragender Lückenfüller. Danke, für diese letzten Tage, in denen du deine Mysterien enthüllt hast. Und danke, dass du das, was in den Augen der Welt gering ist, auserwählt hast, um diejenigen zu beschämen, die sich selbst für weise halten. Ich danke dir einfach.

20

Neues von der Dreifaltigkeit

»Heilig ist dieser Gott, vollkommen würdig.
Vollständig in seiner Liebe.
Er ist der Vater, der sich am weitesten bewegt,
doch der sesshafteste Herrscher.«

Josiah Cullen

Gott will, dass du jetzt etwas über den dreieinigen Gott erfährst, Mom. Ich richtete mich auf der Couch auf. War ich vorher nicht ganz wach gewesen, hatte sich das in diesem Moment schlagartig geändert. **In der Dreifaltigkeit ist der Vater der Manager. Der Sohn übernimmt gerne den operativen Teil. Der Heilige Geist ist der Arbeiter. Also handelt es sich hier um ein 3-in-1-Paket, mit dem die Dinge bewerkstelligt werden.**

Die Welt wurde nur durch die drei folgenden Funktionen erschaffen: Der Vater ersann es. Der Sohn liebte es. Der Heilige Geist führte den Plan aus. So funktioniert die Dreifaltigkeit, Mom. Vater, Sohn und Heiligem Geist fehlt es an nichts. Und sie diskutieren gemeinsam, wie die Dinge laufen sollen. Das Leben ist einfacher, wenn man weiß, dass er der Papa ist. Er ist der Heiler. Er ist der Helfer.

»Josiah, das ist verrückt. Mit nur wenigen Sätzen hast du eines der größten Mysterien der Kirchengeschichte enträtselt.« **Die Menschen müssen fragen:** »**Vater, was hältst du davon? Jesus, was liebst du? Heiliger Geist, was sollten wir deswegen unternehmen?**« **Das ist deine Mission: zu tun, was der Vater meint und was Jesus liebt und was der Heilige Geist sagt.**

Mir kam das erste Kapitel des Johannesevangeliums in den Sinn. »*Am Anfang war das Wort, und das Wort war bei Gott und das Wort war Gott ... Er, der das Wort ist, wurde Mensch und lebte unter uns.*« (Johannes 1,1-14) Nie zuvor hatte ich gesehen, wie sich all diese kleinen Puzzlestücke auf so wunderbare und offensichtliche Weise zusammenfügen ließen. Ich fühlte mich wie ein Heißluftballon, der gerade immer höher in den Himmel gefeuert wurde.

»Und um was genau kümmert sich Gott?«, fragte ich.

Einfach um alles, Altes wie Neues. Verstehst du das, Mom?

»Und Jesus? Was ist mit ihm?

Er ist Liebe. Er rettet. Er verbindet alle mit dem Vater. Er baut eine Brücke. Mom, es ist großartig, so zu lieben.

»Hmm, das sehe ich. Das ist alles so fantastisch, verrückt und unglaublich. Was ist mit dem Heiligen Geist?«

Dem Heiligen Geist gefällt nichts besser, als mit seiner Sprache unsere eigenen Gefängnisse zu öffnen. Der Heilige Geist wirkt, um uns dazu zu bringen, wie Gott zu denken und seinen mächtigen Willen in unseren Körpern aufzunehmen.

Der Heilige Geist bestätigt meine eigene Freude, wenn ich ihm meine Gefängnisse zeige. Manchmal bin ich vollkommen erledigt davon, die Tage ohne Worte meistern zu müssen. Ich fühle mich, als würde ich im Kummer feststecken. Ich bin nicht stark genug, ihn immer als meine Rettungsleine zu sehen, das macht mich manchmal traurig.

Die Tage ohne Worte meistern? Mein Herz wurde schwer. Um mich wieder aufzumuntern, konzentrierte ich mich auf die Wahrheit in Josiahs aufbauenden Worten. Trotz des menschlichen

Elends oder »Gefängnisses« existierte der Heilige Geist, um meine nachhaltige Freude sicherzustellen. Wie konnte ich mich angesichts dieses Wissens nicht auf das große und bessere Ganze konzentrieren? Ich fiel auf die Knie und stimmte innige Lobgesänge auf den Vater, Heiligen Geist und Sohn an. Ich sagte Gott, wie sehr ich ihn liebte und verehrte. Wie bereitwillig ich ihm mein Leben zu Füßen legen wollte.

Gott hatte in seiner Güte Josiah jedes Mitglied der Dreifaltigkeit gezeigt. Er hatte sie klar voneinander getrennt gesehen, aber gleichzeitig, wie sie zu einer Einheit verschmolzen. Seine Worte erinnerten mich an eine Bibelpassage, in der Gott die Welt mit seinem Wort erschuf, während der Heilige Geist als aktiv Beteiligter über der Oberfläche der Tiefe schwebte. Und wie Jesus – das Wort, das Gott war und bei Gott war – uns bereits genug geliebt hatte, um für uns zu sterben. Das Lamm, das geschlachtet wurde (Offenbarung 13,8).

Ich hatte von Kindesbeinen an gelernt, die Dreifaltigkeit wie Flüssigkeit, Dunst und Eis zu sehen – ein und dasselbe in drei verschiedenen Formen. Daher führte mich mein neues Verständnis auf eine ganz neue Ebene und stachelte mein Verlangen, mehr zu erfahren, noch weiter an.

Manchmal schenkte Josiah die himmlischen Wahrheiten tröpfchenweise aus, manchmal strömten sie wie Wasser aus einem Feuerwehrschlauch. Als wir an einem frischen Herbstnachmittag um einen nahe gelegenen See spazierten, an dem wir uns besonders gern aufhielten, dachte ich darüber nach, ob die gestörte Kommunikation mit meinem Vater vielleicht negative Auswirkungen auf meine Gefühle für meinen himmlischen Vater gehabt haben könnte.

Josiah wirkte geistig wie körperlich sehr entspannt und als ich eine verlassene Holzbank entdeckte, packte ich die Gelegenheit beim Schopf.

»JoJo, du bist so gut darin, mir die Dinge zu erklären. Könntest du mir Papa Gott noch ein wenig näher beschreiben? Mir vielleicht sogar sagen, wie er aussieht?«

Mom, Klarheit ist etwas Wunderbares. Meine Welt in seinen Händen. Stell dich auf sein Lachen ein und du wirst lachen. Gott beweist den »Vater« in jedem Moment seines Lebens. Sanfter Vater, freudvoller Vater, in jeder Hinsicht kühn, aber behutsam im Umgang mit Menschen, die sich mit der Sünde konfrontiert sehen. Er hat sich selbst gegründet, um der Welt dabei zu helfen, wieder Glauben zum Ausdruck zu bringen.

Der Vater ist überall. Er blickt dir ins Gesicht, egal, wo du bist, egal, wer du bist! Wenn er sich erheben will, ruft er laut: »Ihr Mächte, verschwindet sofort! Ich bin Gott, ob es euch gefällt oder nicht. Meine Welt soll so sein, nicht so, also schweigt still, ihr Mächte Satans! Versetzt sofort diesen lauten Berg!« Dann, ein Schuss aus der Steinschleuder! Bum! Jetzt ist es vorbei. So sprach Gott, als sei ein Berg zu nichts zerfallen.

Es gefiel mir, mich auf Gottes Macht zu konzentrieren, aber es gab noch etwas anderes, das ich wissen wollte. »Josiah, wie nah bist du Gott gekommen?«

»Eile auf meinen Schoß«, sagt er. »Wahrhaft bist du ein zukünftiges Sprachrohr meiner Welt, Josiah. Verkünde meine Botschaft, dass der Vater unendlich über euch wacht, Kinder.« Die meisten hadern jahrelang mit diesem Gott. Nein, tut es nicht! Sagt einfach nur: »Ich brauche dich, Vater.«

Langsam füllt er meine Seele mit der Anweisung, den Freundlosen ein Freund zu sein, die Kranken zu heilen, den Sklaven Erlösung zu verkünden. Er ist mächtig, also ist er energisch, aber auch sanftmütig. Ganz weich, das hat er mit Dad gemeinsam, aber sehr stark, um göttlich zu sein.

Josiah zog ständig seine Hand weg, um mit den Fingern über die zerfurchten Holzbalken der Bank zu fahren, während ich seinen Arm immer wieder zurücklenkte.

Mom, ich bin begeistert, wie wundervoll er ist. Er ist den Menschen gegenüber nie zornig. Er liebt sie alle. Er scheucht sie ein wenig auf, damit sie sich dazu entscheiden können, ihn als Vater anzunehmen. Er sagt:»Die kleinen schwarzen Tage, an denen der Mensch auf Satan hört, machen mich unendlich traurig.« Er ist wie ein Vater, der helfen will, aber um ihn willkommen zu heißen, muss man ihn rufen.

Seine feurigen Steine bilden seine erleuchtete Mitte. Er leuchtet in lauten, strahlenden Farben, um zu sagen:»Wahrheit ist Wahrheit. Ordnung ist Ordnung. Heilig ist heilig.« Die Steine sind der Standard, auf dem alles andere beruht. Das ist sein Herz. Steine der Wahrheit.

Heilig ist dieser Gott, vollkommen würdig. Reich in seinen späteren Tagen. Reich in seinen früheren Tagen. Laut an den Toren. Laut in den Bergen. Laut im polternden Donner. Aber innen weich. Fröhlich. Ein unvergleichlicher Kartograf deiner Gestalt. Schwer zu erzürnen, doch schnell im Austeilen seiner Liebe. Er ist wie Dad, wie der Vater, wie Papa.

Er liebt es zu sagen:»Du forderst mich wirklich heraus, die Liebe meines Sohnes zu übertrumpfen? Na dann los! Ich fordere ihn heraus, mich in meiner Liebe zu übertrumpfen. Es ist ein Wettstreit. Dieser Wettkampf geht schon seit Jahrtausenden unentschieden aus.«

Menschen liefen an uns vorbei und Hunde bellten, doch ich schaute nicht auf. Ich konnte mich kaum bewegen. *Was würde wohl passieren*, fragte ich mich, *wenn Joe und ich es dem Vater gleichtun und für den Rest unseres Lebens versuchen würden, einander in selbstloser Liebe zu übertreffen? Das Leben wäre mit Sicherheit freudvoller und freier.*

»Josiah, das ist wundervoll.« In meiner Begeisterung fühlte ich mich fast schwach und ich fragte mich, wie viel länger Josiah noch Lust haben würde sitzen zu bleiben.»Kannst du mir etwas über Jesus erzählen?«

Oh, er ist zeitlos. Er ist mächtig. Er ist Gerechtigkeit. Er ist der Rattenfänger der Erlösten, der sich täglich müht, die Mäuse, die unseren Frieden stehlen, rauszulocken.

Oben im Himmel ist Jesus wie ein jungenhafter, origineller, spiritueller, fröhlicher Typ, der immer lacht. Manche sagen, der schlanke Jesus ist zaghaft. Nein, er ist maskulin, stark und ein Anführer. Seine ganze Statur gleicht derer von Männern, die schwer trainieren. Er ist äußerst gemein zu Dämonen, indem er sagt: »Lasst meine Leute in Frieden oder ihr werdet mein fürchterliches Gebrüll heraufbeschwören!«

Jesus ist wunderschön anzusehen, transzendent in seiner Macht. Seine Augen sehen aus, als wären Meere darin, so blau sind sie. Sie wechseln von Meer zu Feuer zu üppigen Weiden zu atemberaubendem Moos unter Bäumen zu einer verlockenden Drehung, um dein Abbild in seiner Pupille zu halten, als wärst du sein Augenstern.

Plötzlich tanzte das Sonnenlicht in Josiahs Augen. Ich spürte die Wärme seines Körpers. Ich hielt an diesem besonderen Moment fest, während er weiterschrieb.

Manchmal trägt er eine Krone. Meistens tauscht er seine Krone gegen einfaches Haar aus, wenn er mir zuhört, wahrscheinlich um mit mir ungezwungener zu sein. Um mir Geheimnisse zu verraten, als wäre ich sein lang vertrauter Freund. Seine Gedanken zu hören, seine Aufträge zu nennen, mir seine Missionen mitzuteilen, wenn er sagt: »Setz dich damit auseinander, ja?« Und dann sagt er: »Erzähl mir auch von deinen Ideen. Ich würde sie sehr gerne hören.«

Er trägt teure Königskleidung, wenn er nicht sein weißes Gewand anhat. Das weiße Gewand kommt mit einer Schärpe daher, die auf triumphierende Weise seine geistliche Mission uns zu helfen, uns zu heilen, uns anzuführen symbolisiert. Sie gibt die Gedanken in seinem Kopf wieder und wechselt die Farbe, je nachdem, welchen Gedanken er gerade anspricht.

Grün steht für Heilung und das Geräusch stammt von den Gedanken an Heilung, die gerade in seinem Herzen sind. Also, merke dir, ein dreisträngiges Seil – Geist, Herz und Worte – sind der Spielraum für ein Wunder. Die rote Schärpe löst das Führen eines einfachen Schicksals aus, um sich mit dem roten Blut Jesu aufzustellen. Die letzte ist lila.

Er sprang auf, seine Hand schoss hoch und begann wie das Periskop eines U-Boots hin und her zu schwenken.

»Josiah«, sagte ich, während ich ihn auf die Bank zurückzog. »Das haut mich wirklich um. Bitte erzähl weiter.«

Jesus' Hände erzählen eine Geschichte vergangener Sorgen. Seine Hände sind durchbohrt, um Gott für immer heilig zu sein. Nur die Weisheit weiß, dass er deswegen noch immer die Löcher in seinen Händen und Füßen hat.

Stell dir das Lamm vor. Er sagt:»Erklär meinem Volk, dass ich auf diese Weise gekreuzigt werden musste. Denn nun bin ich so durchbohrt und kann trotzdem sagen: Wo ist dieser geheimnisvolle Tod? Es ist nicht länger eure Bürde, denn ich habe sie euch abgenommen, damit ihr euch in den Himmel erheben könnt, damit euer Geist frei ist, während ihr hier auf der Erde weilt. Ihr dürft den Rest der Ewigkeit mit mir genießen. Ich bin riesengroß in meiner Welt. Ich bin nicht nur eine freudige Geschichte. Versuche ein geheimnisvolles, funktionierendes, lautes, erfülltes Leben zu führen und du wirst beiderlei Segen empfangen, da du in meine Welt gehörst. Ich scheue mich nicht zu sagen, dass meine Welt dir auch auf Erden gehört. Es ist wahr. Ich heuere nun treue Menschen an, die mir als Gehilfen dienen.«

So lass die kleinen Hände sprechen:»Wähle mich, Jesus! Ich bin die Person, die sich mit deinem Plan zusammentut, um das vollkommenste Wunder auf dieser Erde zu sein.«

Schwingen der Herrlichkeit flatterten in meinem Inneren und ich konnte nicht anders, als zu antworten. *Wähle mich, Jesus! Ich bin die Person, die* sich mit deinem Plan zusammentut. Umhüllt von Freude schaltete ich das I-Pad aus und streckte meine Arme. »Okay, lass uns gehen«, sagte ich.

Erst gingen wir Richtung Auto, doch dann schlug ich den Weg zur Eisdiele ein, als kleine Überraschung für Josiah. Etwas Aufheiterung, die ihn vielleicht in Stimmung bringen würde, weitere Mysterien zu enthüllen.

Wir setzten uns draußen an einen der Picknick-Tische, wo er sich riesige Klumpen Vanilleeis in den Mund schaufelte. Na ja. Zumindest musste ich ihn nie ermahnen, nicht mit vollem Mund zu sprechen.

»Hey, Josiah«, sagte ich und tippte auf das I-Pad, »könntest du mir bitte noch etwas über den Heiligen Geist erzählen?«

Du musst verstehen, er ist wie Feuer, ganz so wie das Schicksal, das in deiner Seele aufsteigt. Der Heilige Geist regt die Liebe für Jesus und den Vater an.

Das Bild, das die Menschen vom Heiligen Geist haben, ist zu vernunftgesteuert. Viele glauben, er sei ein schneller, gefühlloser Geist, der hier und da ein Wunder einsetzt, um zu sagen: »Ich bin da.« Nein, er ist kein gefühlloser Geist. Er ist das tägliche Leben, das uns gegeben ist, um, musikalisch von Gott angeregt, auf dieser Erde zu leben. Wenn der Heilige Geist in dir ist, hilft dir die schnelle Freude ein einfaches, mutiges, lustiges Leben anzunehmen.

Hör dir das an. Leben ist Geist. Prächtig, warum nicht einen Geist haben, der wirklich weltklasse ist? Der mächtige Gott in deinem Körper!

Josiahs Worte strömten nun mit der Leidenschaft eines Predigers aus ihm und fast konnte ich hören, wie seine innere Stimme anschwoll und wieder leiser wurde.

Der Heilige Geist ist wie schnelle Hoffnung, gefährliche Freude, erschütternde Leidenschaft, ein Modell des Friedens, Zuhörer der alltäglichen Welt. Es ist wahr. Er ist das Ohr, das die Gebete

hört, die nie ausgesprochen werden. Er betet:»Vervollständige es, Vater, was diese Person wirklich mit ihrem Gebet sagen will, ist ...« Und so erzählt er Gott schnell von deinem wahren Ich.

Der Geist ist der scherzhafte, lustige, nachdenkliche, edle, wortreiche, aufgebrachte, schmetternde Antrieb in euren Kirchen. Er ist das Vollzeit-Verlangen eurer Herzen.

Da der Geist Leben ist, ist er in uns allen – in der Vergangenheit, Gegenwart und Zukunft, doch lobpreist die gepflegte Wahl: Er wird im Heim unserer Herzen entweder freudig angenommen oder lauthals abgewiesen.

Vom Heiligen Geist erfüllt zu sein, heißt von Herrlichkeit erfüllt zu sein. Ich bin begeistert vom ursprünglichen Geist, der laut meine Geschichte anregt, Mom. Er ist mein Lied für diese Welt.

»Puh«, sagte ich und tupfte ihm das Gesicht mit einer Serviette ab.»Ich würde es am liebsten laut rausschreien. Es ist entweder Zeit, Vergangenes hinter sich zu lassen oder sich erneut erretten zu lassen.«

Ich nahm ihn an die Hand, als wir über den Parkplatz liefen. Wir erreichten den Fußweg und als die Brise mein Haar zerzauste, sog ich den kühlen, laublastigen Duft des Herbstes in mir auf.

Wir gingen ein Stück.»Hey, sieh mal«, sagte ich.»Da drüben neben dem Denkmal steht eine schöne Bank. Komm, wir setzen uns dahin und trinken unser Wasser.« Sobald wir das getan hatten, fragte ich ihn, ob es noch irgendwas anderes gäbe, von dem er berichten wollte.

Der Heilige Geist besteht außen wie innen aus Feuer. Er ist der Grund, warum wir das Licht der Welt sind.

Zu sagen, man sitzt zusammen mit Gott an himmlischen Orten, heißt, der Geist Gottes sitzt im Himmel, aber auch in uns.

Dem Geist liegt Wahrheit zugrunde. Ordnung ist Wahrheit. Schlichtheit ist Wahrheit. Gehorsam ist Wahrheit. Liebe ist Wahrheit. Lebe dieses Leben im Sinne des Heiligen Geistes und der Wahrheit. Und mit der gedruckten Bibel, die in deinen Händen tanzt, um zu sagen: »Ich betrachte diese Welt lebendig und aktiv und mit einem Verstand, der noch schärfer als ein zweischneidiges Schwert ist.«

Du bist Gottes Fülle in Christus. Finde es heraus.

Ich lachte. Finde es heraus. Ja, klar. Als ginge es hier um eine einfache Matheaufgabe. Ich umarmte ihn sanft. Für heute war es genug. Hatte mein achtjähriger Sohn überhaupt eine Ahnung, wie verblüffend diese Offenbarungen für mich waren? Mein Sohn, dem ich aus der Kinderbibel vorgelesen hatte, erklärte mir nun die Dreifaltigkeit in ihrer Ganzheit. Mein Sohn, von dem ich nie angenommen hätte, er würde eine Verbindung zu mir hier auf Erden aufbauen können, stand nun in ständiger Verbindung zu Gott im Himmel.

Ein sorgloses Pärchen schwang zwischen sich einen kleinen Jungen an den Händen hoch in die Luft, während Wolken so langsam über den Himmel krochen, als wären sie schon seit Anbeginn der Zeit unterwegs. Die Welt fühlte sich auf einmal kleiner an – und Gott, in all seinen drei Formen, greifbarer.

Obwohl ich Gottes Wesen nun aus erster Reihe studieren durfte, sagte mir etwas, dass ich – wie die blutende Frau, die den Saum des Herrn berührte – gerade erst an der Oberfläche gekratzt hatte.

21
Hohe Orte

»Diese kühne Hand zeigt hoch zum starken Turm
von ihm, der sieht.«

Josiah Cullen

Ich kam mir wie eine professionelle Putzfrau vor, wie ich so im Erdgeschoss herumwuselte und den Wollmäusen mit meinem Federwedel zu Leibe rückte. Ich hatte gehört, dass vielleicht ein Unwetter aufziehen würde und so warf ich immer wieder einen Blick auf den Fernseher, in der Hoffnung, den Wetterbericht mitzubekommen.

Plötzlich brach der Nachrichtensprecher mitten im Satz ab, da der Fernseher unvermittelt den Sender gewechselt hatte. Ich legte meinen Staubwedel beiseite und ging näher heran, um die Sondersendung zu verfolgen. Es handelte sich ausgerechnet um eine Werbesendung für stille Besinnungstage. Seltsamerweise schaltete das Gerät plötzlich zu den Nachrichten zurück. Ich ging noch näher an den Bildschirm heran und versuchte mir den Namen des Einkehrzentrums in Erinnerung zu rufen. Irgendetwas mit *pacem*. Das Wort kannte ich aus einem Kirchenlied. Es bedeutete »Frieden« auf Latein.

Herr, versuchst du mir etwas zu sagen? Denn wenn dem so ist, höre ich aufmerksam zu.

Ich hatte ihn gebeten, meine Ohren für seine Stimme zu schärfen. Es war schon toll, überhaupt die Musik zu hören, aber sich richtig zu konzentrieren und die einzelnen Noten der Melodie zu benennen, war eine ganz andere Hausnummer.

Ich hatte keine Ahnung, was Gott mir mit diesem *pacem*-Werbespot sagen wollte, doch ich spürte es, wenn mich der Herr am Ärmel zupfte.

Am nächsten Tag saß ich im Caribou-Café, nippte an meinem Caffè Latte und betete um Weisheit für die Besinnungstage, während ich *pacem* googelte. Bingo. *Pacem in Terris* oder »Frieden auf Erden«. Auf der Betreiberseite wurde die Einrichtung als Ermitage mit mehreren Blockhütten beschrieben, die auf 24 Hektar Land verteilt waren. Und wer hätte das gedacht? Die Einrichtung war nur eine Stunde entfernt. Eigentlich hatte ich nicht vorgehabt, mir eine kleine Auszeit zu gönnen, allerdings wollte ich Gott schon länger fragen, wie es in Zukunft mit meinem Predigtamt weitergehen sollte. Könnte dies ein guter Ort sein, um den Ablenkungen des Alltags zu entkommen und in Einsamkeit zu beten, wie Jesus es getan hatte?

Als ich die Idee Joe gegenüber erwähnte, lachte er. »Du – und so lange nicht reden?«

»Hey, Vorsicht, mein Freund.« Ich verpasste ihm einen spielerischen Hieb.

»Das liegt ganz bei dir«, meinte er. »Ein bisschen Zeit allein würde dir wahrscheinlich guttun.«

Ich wertete das als Zustimmung und buchte einen Aufenthalt in der ersten Juniwoche, von Dienstag bis Freitag.

Ich hatte zwar einigen meiner engeren Freunde von meinen Plänen erzählt, aber ich hätte niemals damit gerechnet, wegen der Einkehrtage E-Mails zu erhalten. Und ganz sicher hatte ich nicht erwartet, dass jemand von mir träumen würde.

Liebe Tahni. Das passiert mir nicht oft, aber ich hatte einen Traum, in dem du vorkamst, und bin mir nicht sicher, ob du vielleicht weißt, was er zu bedeuten hat.

Du standest auf einem wunderschönen grünen Grashügel und schautest auf andere, kleinere Grashügel hinab. Der Himmel war klar, ohne eine einzige Wolke. Ich konnte sehen, dass dein Herz erfüllt von Leidenschaft war und sich in reines Gold verwandelt hatte.

Als du sprachst, flossen die Worte in geschriebener Form aus deinem Mund, Wörter, die in die Luft schwebten, sich in Wassertropfen verwandelten und wie Brunnenwasser auf die grünen Hügel zu deinen Füßen herabregneten.

Jen

Nachdem ich eine zweite Mail von meiner Facebook-Freundin Michelle erhielt, dachte ich mir, es sei an der Zeit, aufmerksam zu werden.

Tahni, als ich für dich betete, sah ich eine Blume, die sich öffnete. Sie entfaltete ihre Blätter nach einer ganz bestimmten »Ordnung«. Dann sagte der Herr zu mir: »Dinge, die nach einer Ordnung erblühen, sind mein. Sie tut gut daran.«

Dann sah ich einen Bach mit grasbewachsenen Ufern, der sich durch ein Tal schlängelte. Ich konnte eine einzelne einsame Blume erkennen. Sie war weiß mit vier Blütenblättern. Der Herr sagte: »Weißt du nicht, wo sie gepflanzt wurde? Sie wächst auf fruchtbarem Boden.«

Dann führte er mich zu einem hohen Berg, dessen Gipfel mit Sand bedeckt war. In den Sand war die Blume gemalt, die im Tal neben dem Bach wuchs. »Frag Tahni Folgendes«, sagte er. »Wie wurde das hier gemalt?«

Ich las Josiah die Nachricht vor und als ich ihn fragte, was er davon hielt, zögerte er nicht.

Die Blume ist das Bild einer Mutter, die jeden Tag als bestes Juwel betet. Dämonen können nicht an hohen Orten sein.

Dämonen können nicht an hohen Orten sein? Meinte er damit,

dass man an hohen Orten keine Dämonen antraf oder dass Gott nicht wollte, dass sie sich an hohen Orten aufhielten?

An dem Morgen, als ich bei *Pacem in Terris* eintraf, hingen dunkle Wolken über einem nebligen Himmel, flankiert von einem Schirm dichter Baumkronen. Ich stieg aus dem Auto und erschauderte. Die Temperaturen passten eher zum Oktober als zum Juni, doch während ich den langen, gewundenen Steinpfad zum Hautgebäude hochlief, breitete sich Gottes warmer Frieden wie ein Baldachin der Stärke über mir aus.

Ich zog die schwere alte Holztür auf und ging einen menschenleeren Flur hinunter, dessen helle, freundliche Wände von geschmackvollen Skulpturen und Gemälden gesäumt waren. Als ich durch eine offene Tür eine Kapelle entdeckte, warf ich einen Blick hinein. In diesem Moment ertönte eine Stimme hinter mir. »Hallo.« Eine ältere Dame stellte sich mir mit breitem Lächeln vor und führte mich dann in den Empfangsraum. Dort wurde ich von einem Mann begrüßt. »Hi, ich bin Justin. Das ist für dich.« Er schaute mich aus freundlichen Augen an und zog ein Tuch von einem Korb, der mit Käse aus Wisconsin, einer Orange, einem Kleie-Muffin, einem Laib Brot und zwei reifen, roten Äpfeln gefüllt war. »Lass es dir schmecken. Du kannst deinen Tagesablauf hier ganz frei gestalten. Abends kannst du ins Haupthaus kommen, um mit den anderen zu Abend zu essen, oder fasten oder tun, wonach dir sonst so ist. Hier gibt es keinen Handyempfang oder WLAN, aber für Notfälle haben wir ein Festnetztelefon.«

Ich führte ein letztes Telefonat mit Joe. Dann reichte ich Justin meinen Koffer, er lud ihn auf seinen Ford-Bronco-Geländewagen und schon fuhren wir zu meiner Blockhütte.

»Da ist das Toilettenhäuschen«, sagte er fröhlich. »Und hier ist deine – Ermitage. Jede Hütte hat einen eigenen Namen. Deine heißt St. Johannes, der Geliebte.«

Er stellte meinen Koffer auf der Vorderterrasse ab, schob die knarrende Tür auf und wies mit einem Kopfnicken auf den Schaukelstuhl, der vor einem großen, offenen Fenster stand. »Manchmal muss man es einfach rausschaukeln und das hier ist der beste Ort dafür. Schaukel es raus, bete es raus, schrei es raus und werde dann ganz still vor Gott. Hier hast du einen Stift und ein Notizbuch, damit kannst du Tagebuch führen. Alles andere solltest du in der Hütte finden.«

Ich bedankte mich und winkte ihm zum Abschied hinterher. Dann dachte ich darüber nach, was ich als Nächstes tun sollte. Der Raum war mit Wasserflaschen, einem Waschbecken, einem Wasserkessel, einer einzelnen Heizplatte zum Tee- und Kaffeekochen, einer Propangaslampe an der Wand, einem Kruzifix, einem Jesus-Bild, einem Betschemel, einer Bibel, ein paar Windlichtern, einer kleinen, von Insektenschutzgittern geschützten Terrasse und einem zauberhaften großen Fenster ausgestattet, das den Blick auf den Wald freigab.

Hallo, Gott. Ich bin da. Ich hab's geschafft. Hey, wie geht's denn so? Weißt du, ich freue mich wirklich darauf, von dir zu hören.

Die Stille war unerträglich laut. Ein bisschen Zeit allein mit Gott. O je. Ich schlüpfte in meinen Pyjama, machte mir eine Tasse Tee und tat, was die meisten Mütter mit ein bisschen Zeit für sich getan hätten – ich ließ mich aufs Bett fallen und schlief sofort ein.

Ein paar Stunden später wachte ich mit einer brandneuen Melodie im Kopf auf, komplett mit Text. Mein erster Song. Was für ein Geschenk Gottes. Um es nicht zu vergessen, wiederholte ich das Lied immer und immer wieder.

Statt mich den anderen beim Abendessen anzuschließen, labte ich mich an den Schriften Johannes, des Geliebten. Schaute er in diesem Moment aus dem Himmel auf mich herab? Sah er, dass sein Name an der Tür stand?

Gute Nacht, Daddy. Ich werde jetzt das Licht löschen. Bitte lass mich keine Angst vor den Geräuschen, Käfern, Krabbeltieren und besonders nicht vor meiner eigenen Vorstellungskraft haben. Danke.

Am nächsten Tag wurde ich von dem Geräusch sanften Regens geweckt. Ich trat auf die Terrasse hinaus und atmete den frischen Geruch von nassem Laub ein. Der Wald flimmerte vor Leben. Vögel saßen in den Bäumen, während Lichtstrahlen durch die Wolken brachen und durch die glitzernden, tropfenschweren Blätter drangen.

Mir kam unsere erste RPM-Sitzung mit Erika in den Sinn.

»Tahni, reden Sie mit ihm, als wäre er blind.«

Daraufhin war ich mit Josiah in den Park gegangen und hatte ihm von den Adern auf den Blättern erzählt. Mittlerweile war er es, der ein viel besseres Auge für die Details hatte – ob sichtbar oder unsichtbar –, und es fiel mir wirklich schwer, mit ihm mitzuhalten.

Gott der gesamten Schöpfung, ich bete dich an ...

Stundenlang betete ich auf meiner mit Fliegengitter geschützten Veranda. Vögel zwitscherten, Blätter raschelten und niemand schaute vorbei, außer dem gelegentlichen Eichhörnchen.

Ich nahm die katholische Bibel aus der Hütte zur Hand und blätterte sie durch. Wow. Sie enthielt mehr Bücher, als ich es gewohnt war. Ich durchsuchte das Inhaltsverzeichnis nach dem Buch Tobit, in dem Raphael, der Engel der Heilung, erwähnt wurde. Als ich die Verse überflog, sprang mir eine Stelle ins Auge, wo berichtet wurde, wie die Menschen Götzen an »hohen Orten« Opfer darbrachten. Igitt. Ich hatte schon im Alten Testament von diesen verabscheuungswürdigen Praktiken gelesen, die mir immer fremd und seltsam vorgekommen waren. Hatte Gott mich darauf aufmerksam gemacht, damit ich über Josiahs Worte nachdachte?

Ich griff nach meiner eigenen Bibel und suchte mithilfe des

Wortregisters alle Stellen heraus, an denen von hohen Orten die Rede war. Im flackernden Licht der Laterne studierte ich die Bibel wie einst die Menschen längst vergangener Tage.

Ich sprang von König zu König und stellte fest, dass die meisten von ihnen dämonische Götzenbilder an hohen Orten gestattet hatten, obwohl Gott ganz offensichtlich wollte, dass diese zerstört wurden. Als ich zum zweiten Buch der Könige kam, entdeckte ich etwas Unfassbares. Josiah, der mit acht Jahren den Thron bestiegen hatte, war der erste König, der alle Altäre auf den hohen Orten niederreißen ließ! Er wurde außerdem als einer der rechtschaffensten Könige angesehen, da er die Gesetze des Herrn wiederherstellte.

Ich kniete auf dem Boden nieder. *O Gott, niemand kann deinen rechtmäßigen hohen Platz einnehmen. Kein Dämon der Hölle. Keine Macht auf Erden. Ich verherrliche dich, König Jesus. Niemand ist dir ebenbürtig.*

In dem Moment kam mir eine Bibelstelle in den Sinn. *Vor allem aber behüte dein Herz, denn dein Herz beeinflusst dein ganzes Leben.* (Sprüche 4,23)

Gott hatte mich bereits in der Vergangenheit gemahnt, die Tore meines Herzens zu bewachen. Aus irgendeinem Grund hatte ich das Gefühl, er wollte, dass ich wieder ein Großreinemachen veranstaltete. Der Heilige Geist hatte mich dazu angetrieben, jeden meiner hohen Orte niederzureißen, jeden Gedanken, der das Wissen um Jesus in den Schatten gestellt haben könnte.

Josiah hatte eine faszinierende Botschaft über die zentrale Rolle des Herzens verfasst. Ich scrollte auf dem I-Pad zurück, bis ich sie gefunden hatte, während ich mich fragte, wie lange der Akku wohl noch halten würde.

Lass eine Rebe von deinem Herzen zu deinem Kopf hochranken und deine Wirbelsäule zum Rankengerüst werden. Erkennst du die Kunst des Taufakts? Sie besteht darin, erst das Herz unter

Wasser zu tauchen, dann deinen Geist, der angesichts dieser Erneuerung frohlockt.

König Jesus sagte, die Reben zeigen, wie sehr eure Herzen das Entsenden von Blattwerk begrüßen, damit ihr alle Antworten, die ihr sucht, aus euren Herzen ziehen könnt. Weinreben sind Herzreben. Beschneide dein Herz. Es ist ausschließlich das Kreislaufsystem. Die Weinreben sind die Kapillare. Die Trauben sind die Zellen. Jesus pflegt dein Herz, das zurechtgestutzt werden muss. Der Mensch sendet solche Blätter hoch in sein Gehirn. Kümmer dich erst um das Herz. Bringe das Gehirn dazu, Früchte zu tragen. Ernenne dein gestutztes Herz zum neuen Botschafter deines Gehirns. Schicke große Reben hoch. Taten verkünden dein zurechtgestutztes Herz.

Ein Lied des Alten Testaments floss mir ganz natürlich und frei von den Lippen.»Gott, erschaffe in mir ein reines Herz und gib mir einen neuen, aufrichtigen Geist.«

Meine Zeit des Gebets erschien mir, als würde ich Steine aufs Wasser werfen. Konzentrische Kreise, die sich immer weiter und weiter ausdehnten. Ich betete für mich, dann für meine Familie, meine Kirchengemeinde, meine Stadt und die Gesellschaft.

Ich stöhnte, wiegte mich vor und zurück, lief auf und ab, kniete nieder, lachte, weinte und fiel flach aufs Gesicht. Ich verkündete, verfügte, zog in den Krieg und wartete – natürlich. Gott hatte mich aufgerufen, mich mit ihm zusammenzutun, und der Himmel bewahre, dass mir auch nur der kleinste Teil seiner Gedanken entging. Nein. Ich wollte sogar seinen Herzschlag mitbekommen.

Im Laufe der vergangenen dreißig Jahre hatte Gott mich eine Menge über das Beten gelehrt. Doch in letzter Zeit benutzte er meinen kleinen Botschafter, um mein Verständnis zu erhellen. Als ich schließlich den Kopf auf meinem Kissen ablegte, dachte ich über die Worte nach, die Josiah kürzlich niedergeschrieben hatte.

Lauf zum Telefon und ruf deine Mutter an. So wird der Raum zwischen dir und deiner Mom überbrückt. Genauso ist es mit der Verbindung zwischen Himmel und Erde. Es scheint, der Anruf müsse in weite Ferne gehen, wo es doch ganz nah ist. Der Herr des Lebens ist dir näher als dein Atem.

Die Menschen bestellen Sachen im Internet, richtig? Es ist ein einfaches Angebot von Dingen, die du zu Hause auf deinem Regal aufstellen kannst, und es wird direkt zu dir geliefert, richtig? Genauso ist es mit Gott. Bestell etwas von seinem Angebot und du wirst sein Angebot bekommen. Bestelle etwas vom Markt deines Erzfeindes und du wirst dessen Angebot bekommen.

Aber stell dir vor, du bekommst das falsche Paket geliefert. Du bestellst ein Paket von Gott, aber es gelingt ihnen, ihr Paket als erstes zuzustellen. Du hast es nicht bestellt, also verweiger die Annahme, indem du es gar nicht erst erlaubst.

Vielleicht bearbeitet dich der Lieferant des Pakets so lange, bis du es annimmst. Wenn du darüber nachdenkst, wie es in deine Welt passen könnte, nimmst du es an, weil du nicht wusstest, was du sonst damit anstellen sollst. Lerne, es mit den Worten: »Auf keinen Fall!« zurückzugeben. Besorg dir den »Zurück-an-Absender«-Aufkleber – auf diesen Paketen war die falsche Adresse!

Beschränke die zaghaften Gebete.

Wenn du etwas aus Gottes Angebot bestellst, solltest du es auch bekommen. Wenn du es nicht sofort erhältst, solltest du noch mal anrufen und nachfragen. Bestell es noch mal. Dann wird dem Lager mitgeteilt, dass du diese Sache willst und Gottes Auslieferungsliste überprüft, um sicherzugehen, dass du es bekommst. Verschiedene Zustellungsprobleme wie Graupelschauer, Regen oder Schnee können den Himmel nicht davon abhalten, ein Paket zuzustellen, das voller Zuversicht in Gottes Postausgang liegt.

Eins noch. Vielleicht erwartest du ein Paket. Du bekommst eins und öffnest es zu Hause voller Vorfreude. Aber du stellst fest, dass es nicht das ist, was du bestellt hattest, also schickst du es zurück, richtig? Nun, du könntest es erst von außen untersuchen, dir den Absender ansehen, es erst schütteln, um zu sehen, ob der Inhalt zerbrochen ist. Wenn es nach Ganzheit klingt, nimm es an. Wenn es nach etwas Kaputtem klingt, nimm es nicht an. Schick es sofort an den sehr leidenschaftlichen Absender zurück, der dir immer wieder Dinge zustellt, die du nicht bestellt hast, und keine Kosten scheut, um dich immer wieder übers Ohr zu hauen. Schick sie an den ursprünglichen Absender zurück und lass sie nicht einen Moment verweilen.

Ich war schon immer von Daniel Kapitel 10 fasziniert gewesen. Daniel war so überwältigt von der Engelserscheinung, dass er ohnmächtig wurde und den Rest der Offenbarung in Form einer Vision erlebte.

Als Gott den himmlischen Vorhang lüftete, erzählte der Engel Daniel in seiner Vision, dass seine Gebete um Weisheit vom ersten Tag, an dem Daniel sein demütiges Gebet gesprochen hatte, erhört worden waren.

Doch das war noch nicht alles. Als der Engel versuchte, Daniel himmlische Hilfe zukommen zu lassen, musste er einundzwanzig Tage lang gegen einen Dämon, den Prinz von Persien, kämpfen. Als Gott dies sah, schickte er den Erzengel Michael, um dem kämpfenden Engel beiseitezustehen, damit dieser Daniel die Botschaft überbringen konnte.

Was für ein großartiges Kapitel. Hier wurde das verborgene Wirken der geistlichen Welt aufgedeckt.

An meinem letzten Tag hatte die Sonne ihren beeindruckendsten und schönsten Auftritt, indem sie alles in Wärme und Glanz tauchte. Der perfekte Tag, um betend die grün überdachten Wege entlangzuwandern, an denen hier und dort kleine Ansammlungen lilafarbener Blumen aufleuchteten.

Ich stieß auf einen Teich mit Schilfrohr, Rohrkolben und Seerosenblättern und ließ einen Stein über die Wasseroberfläche flitschen. Dann kniete ich neben einem großen Holzkreuz nieder, sog einen tiefen Atemzug in mich ein und stieß meinen Lobpreis aus.

Bei der Erwähnung deines Namens, Jesus, unser Herr, wird sich eines Tages jedes Knie beugen und jede Zunge bezeugen, dass du der Herr der Herrlichkeit Gottes, unseres Vaters, bist.

Als ich aufstand und weiterging, sah ich eine Bank und fragte mich, was Josiah sagen würde, wenn er jetzt hier wäre. Überraschungen und Geheimnisse sprudelten mit immer größerer Beschleunigung, Klarheit und Reife aus ihm hervor. Offen gesagt, fühlte ich mich furchtbar klein, weil ich keine Ahnung hatte, was ich Gottes Ansicht nach mit all dem Wissen anfangen sollte. Doch wie meine Mutter stets zu sagen pflegte, würde Gott es mir schon zeigen.

Als ich nach Hause kam, gingen mir die hohen Orte wieder durch den Kopf und plötzlich hatte ich das Bedürfnis, etwas zu recherchieren.

Ich rief Google auf und tippte *Was ist der höchste Standort in Minneapolis?* ein. Das angezeigte Suchergebnis war ausgerechnet der *Witch's Hat Water Tower*, mit einem Bild des hexenhutförmigen Bauwerks. Als ich weiterlas, stellte ich fest, dass die historische Sehenswürdigkeit mittlerweile nicht mehr als Wasserturm genutzt wurde und bald ihr hundertjähriges Jubiläum feiern würde. Auf einer anderen Webseite konnte ich in einem heidnischen Newsletter nachlesen, dass Hexen und Heiden sich im Schatten dieses besonderen Turms versammelten, um über die Stadt und ihre Wasserwege zu gebieten.

Mir setzte kurz das Herz aus. Moment mal. Gott hatte mir gezeigt, wie wichtig es war, die Macht über die Tore zu haben, denn wer die Tore kontrollierte, kontrollierte die Stadt. Warum sollten Menschen aus dem Reich der Finsternis über unser Land gebieten? Wussten die Christen überhaupt davon? Was konnte ich persönlich dagegen tun? Einige Monate später, nur wenige Tage vor Halloween, kam meine Mutter aus Washington zu Besuch. Sie setzte sich mit Josiah hin und schaute dabei zu, wie er seine Botschaft tippte. **Wirst du dem röhrenförmigen Zelt in Minneapolis zu Leibe rücken? Klau dem Turm seinen Partyhut. Sich in viele Gebete zu stürzen, bringt den Jenga-Turm zum Einsturz und gibt dem strahlenden Jesus Süßes, nicht Saures.»Erhebe dich«, sagt Jesus zu mir, »und kräftige deine Beine, denn ich werde meinen Leuten in Minneapolis das Abendessen bringen. Mit deinem Senfkorn-Glauben werden morgen Rosen die Dämonen verblüffen, die herübersehen.«**

Ich schaute meine Mutter an.»Du meine Güte. Ich hatte den Turm ganz vergessen. Ich habe ihn Josiah gegenüber nie erwähnt. Das macht er immer wieder ... Er weiß solche Dinge einfach.«

»Josiah, willst du uns damit sagen, dass wir dort hingehen sollen?«

Ja, geht dorthin.

Meine Kehle war auf einmal ganz trocken. Ich hatte Geschichten von Leuten gehört, die es gewagt hatten, sich mit dem Teufel anzulegen, und sagen wir einfach, dass ich nicht scharf darauf war, dasselbe Schicksal zu erleiden.

Aber was, wenn Gott von mir verlangte, dort hinzugehen? Was, wenn er die stillen Gebetstage eingesetzt hatte, um mich vorzubereiten?

Könnte es einen Zusammenhang zu den Träumen und Visionen geben, die meine Freunde von mir gehabt hatten, wie ich von einem hohen Ort herunterblickte? Und was war mit der Dame, die gesehen hatte, wie ich eine silberne Trompete erklingen ließ, um die Atmosphäre aufzubrechen? Und was war darüber hinaus mit meinem eigenen, so lebensechten Traum?

Vor Kurzem hatte ich geträumt, dass meine Mutter und ich eine psychiatrische Einrichtung besucht hatten, um für die Menschen dort zu beten. Dort hatte sich uns ein erschreckender Anblick geboten. Die Patienten waren zu müde und mit Drogen vollgedröhnt, um sich auch nur unterhalten zu können.

Eine Krankenschwester flüsterte:»Hier mag vielleicht alles ruhig und friedlich wirken ... aber warten Sie nur, bis die Dämonen auftauchen.«

Meine Mutter und ich wussten, dass wir die Wahl hatten. Entweder blieben wir und beteten oder verschwanden schnell wieder. Wir entschieden uns zu beten.

Als wir uns dann um einen jungen Mann versammelten, geschah es. Eine große, dämonische Kreatur kam hinter dem Sofa hervor. Sie hatte lange Fingernägel und unregelmäßige Büschel braunen Fells, wie ein Werwolf. Speichel troff aus ihrem Maul, als sie sich zähnefletschend und fauchend auf mich stürzte.

»Stopp!«, befahl ich ihr.»Im Namen Jesus Christus befehle ich dir, von diesen Menschen abzulassen!«

Sofort schrumpfte die gewaltige Kreatur zu einem winzigen Wesen zusammen, das wie eine Kreuzung zwischen Flamingo und dem Vogel aus der Sesamstraße aussah.

Als ich aufwachte, wusste ich, dass Gott mir ein vollkommen neues Bild von Satan und den Dämonen vermittelt hatte. Ich sah sie nun als Geisterwesen, die mit Angst, Täuschung und Einschüchterung arbeiteten. Josiah nannte es »erschwindelte Macht«. Mein Traum zeigte mir, dass ich nichts zu befürchten hatte, wenn der Feind versuchte, sich die Macht zu krallen, da ich Gottes wahre Macht besaß.

Was also erwartete Gott jetzt von uns? Was, wenn Minneapolis das falsche Paket geöffnet hatte? Wollte Gott uns etwas Besseres schicken?

Meine Mutter und ich beteten und fasteten bis Sonnenuntergang. Dann gab Gott uns den Befehl loszuziehen. Meine Mutter rief ein paar ihrer engsten Gebetsfreundinnen an, die für uns beten sollten. Ich sagte Sue Rampi Bescheid, die wiederum mit ihrer Fürsprecherin und Missionarspartnerin Jeanette telefonierte.

Am folgenden Morgen standen wir vier am Anfang des steilen Pfads, der zum des Fuß des *Witch's Hat* Turms führte. Ich hatte keine Ahnung, was als Nächstes passieren würde, aber ich fühlte mich mit diesen Müttern des Glaubens vereint und konnte nur staunen, wie Gott all das auf die Beine gestellt hatte.

Sue und Jeanette liebten ihre Stadt. Sie waren ehemalige Missionare, also hatten sie gesehen, wie geistliche Unterdrückung und Täuschung die Menschen in bestimmten Gebieten und Regionen lähmen konnten.

Ich drückte sie alle der Reihe nach fest an mich.»Danke, dass ihr verrückt genug seid, euch ins Ungewisse zu stürzen.«

Meine Mutter hatte ein kaputtes Knie und so blieb sie mit Sue unten auf einer Bank sitzen. Von dem Moment an, als ich die beiden einander vorgestellt hatte, waren sie wie beste Freundinnen.

Gemeinsam mit Jeanette lief ich den langen steilen Pfad zum Fuß des Turms hinauf. Lobpreislieder tönten aus meinem I-Pad, während wir den Turm immer wieder umrundeten, als wäre er die Bestfestigungsmauer Jerichos. Die inbrünstigen Gebete, die meine Mutter und Sue weiter unten sprachen, wirkten belebend auf uns. An diesem kühlen, bewölkten Morgen konnten wir über die gesamte Stadt blicken. Während ich laut vor mich hin betete, stellte ich mir vor, wie Jesus damals auf Jerusalem hinabgeschaut und sich nach einem Wandel gesehnt hatte.

»Gott, wir sind hier, um deinem Wort zu gehorchen und für die Hoffnungslosen, die Hungrigen und die Hilflosen einzustehen. Wir beten für die sieben Berge der Gesellschaft – Wirtschaft, Politik, Medien, Kunst und Unterhaltung, Bildung, Familie und Religion. Es tut uns leid, dass wir uns in bestimmten Bereichen gegen dich entschieden haben und deine Wahrheit gegen eine Lüge eingetauscht haben. – Wir beten für alle mächtigen Führungspersönlichkeiten. Möge sich dein Herz in ihren Entscheidungen widerspiegeln. Verwandle Herzen voller Gier, Lust und selbstsüchtigem Ehrgeiz in Herzen voller Großzügigkeit, Reinheit und Mitgefühl. Wir entsenden Licht, um das Reich der Finsternis zu verdrängen.« Mutig beteten wir weiter. »Verbanne die bösen Geister, die sich hinter Terrorismus, Kriminalität, Abtreibung und Sexhandel verbergen. Wir wissen, dass dein Herz für die Menschen blutet, die diesen betrügerischen, zerstörerischen Geistern zum Opfer fallen. Wir führen unseren Kampf nicht gegen Fleisch und Blut, sondern gegen die Anführer, gegen die Obrigkeit, gegen die Mächte dieser dunklen Welt und gegen die spirituellen Kräfte des Bösen in den himmlischen Gefilden. Wir reißen die Götzenbilder an den hohen Orten nieder, zerstören die dämonische Macht über die Stadttore und machen alle Hexereien, Flüche und dämonischen Erlasse zunichte. Wir tun uns mit den Engeln zusammen, um die Tore wieder in die Hände des Guten, nicht des Bösen, zu übergeben. Erhebt eure Köpfe, ihr Tore. Erhebt sie, ihr uralten Türen, damit der Gott der Herrlichkeit eintreten möge.«

Zwei große Vögel flogen durch die bogenförmigen Öffnungen des Turms schnell von einer Seite zur anderen. Dann fiel mir ein seltsamer Lichtfleck auf, der sich auf einem entfernten Gebäude spiegelte. Wir hatten den Spaziergängern und Joggern, die an uns vorbeigelaufen waren, kaum Beachtung geschenkt, aber ihnen waren wir wahrscheinlich aufgefallen.

»Hallo«, grüßte ich ein lächelndes Pärchen, bevor ich mich wieder auf unsere Aufgabe konzentrierte.

»Gott, du bist der König. Wie es in Jesaja 52,7 geschrieben steht: *Wie schön klingen die Schritte dessen auf den Bergen, der eine gute Botschaft von Freude und Frieden und Rettung bringt, der zu Zion sagt:* *»Dein Gott ist König!«* Herrschender Vater, herrsche über Minneapolis. Möge dein Reich kommen, dein Wille geschehen, wie im Himmel, so auf Erden. – Wir entfesseln deine Liebe, Herr. Wir zerschlagen Fesseln, verstoßen all die lügenden Geister und befehlen allen Scheuklappen im Namen Jesu abzufallen. Liebevoller Vater, danke, dass du gekommen bist, um die Gefangenen zu befreien. Jesus, du bist der Weg, die Wahrheit und das Leben. Niemand erreicht den Vater außer durch dich. Bringe all jenen Heilung, die obdachlos, ausgenutzt und einsam sind. Schenke den Pastoren, Gläubigen und Arbeitern Kraft, während sie dein Werk tun. Jesus, berühre die zerschundenen Körper jener, die am Ende ihrer Kräfte sind. Wir danken dir, dass wir durch deine Wunden geheilt werden. Heile jene, die an allen möglichen Behinderungen und Erkrankungen leiden. Gebiete der sich immer weiter ausbreitenden Epidemie des Autismus Einhalt. Radiere sie aus. Wir bannen und brechen alle Flüche und wir sprechen Heilung und Segen über diesem Land aus. – Ihr himmlischen Heerscharen, berührt die Herzen jener, die weit entfernt von euch sind. Möge sich eure Botschaft schnell verbreiten und überall in dieser Stadt auf offene Ohren treffen. Erweckt diesen Ort zu neuem Leben!«

Als ich an diesem Abend Josiah ins Bett brachte, wurde mir klar, dass ich dank meiner Gebete diese Stadt nun noch mehr ins Herz geschlossen hatte.

»Schieß los, JoJo«, sagte ich. »Willst du noch schnell ein paar letzte Gedanken loswerden?«

Es war ein gewaltiger Vernichtungsschlag, die Musik einzusetzen, um die Wahrheit hinauszuposaunen, für den Frieden zu kämpfen. Seid immer voller Freude, in allem, was ihr tut. Freude dreht den Spieß der Feinde Jesu um. Dreht die Freude auf. Dämonen können sie nicht ausstehen. Erhebt euch. Eilt zu mir. Vertraut mir. Nährt die Freude.

»Amen, und ich liebe dich«, sagte ich und drückte ihn fest an mich.

Als ich zum Wohnzimmer ging, um mich zu meiner Mutter und Joe zu setzen, betete ich.

Ich fühle deinen Einfluss, Vater. Ich weiß nicht, worauf das alles hinauslaufen soll, aber ich bin hier, Herr. Entsende mich.

22

Engel

»Begreife die schlaue, unverfälschte Perspektive
des Heilands. Wir sind wagemutige Krieger,
doch der Heiland hat dem Königreich Satans
vor zweitausend Jahren einen Todesstoß verpasst,
der es aus der Umlaufbahn geschossen hat.«
Josiah Cullen

Dezember 2013
Eines Tages, bei McDonald's, wurde Josiah ungewöhnlich still und
starrte die Wand an.

»JoJo, vor einer Sekunde sah es noch so aus, als würdest du
gleich verhungern, und jetzt rührst du deinen Burger nicht mal
an. Du starrst nur vor dich hin. Was ist los?«

Ich will ihn nicht. Ich starre einen wunderschönen Engel an.

»Wie bitte? Einen Engel? Wo ist hier ein Engel?«

Dort drüben, neben dem Bild von dem Boot.

Ein Schauder lief mir den Rücken hoch. »Na schön. Warum ist
er hier?«

**Er ist auf einer guten Mission, uns zu besuchen, und hört
unserem Gespräch zu.**

»Er hört zu?«, fragte ich und schaute zu dem Gemälde. »Äh ...
hallo, Engel.«

Er grüßt zurück. Der wunderschöne Engel steht genau da und ich möchte ihn anfassen. Ich bin vor Ehrfurcht erstarrt. Seine natürliche Schönheit ist atemberaubend.

»Wow, ›atemberaubend‹ heißt schon viel, besonders nach all dem, was du über den Himmel berichtet hast. Wie sieht er aus?«

Sein Haar wallt auf seine Schultern herab. Die Thora ist auf seine Schärpe geschrieben.

Konnte es noch verrückter werden? Auch gesunde Kinder hatten imaginäre Freunde, aber ich hatte noch nie von einem imaginären Freund gehört, der Gottes Anweisungen auf seine Schärpe geschrieben hatte. »Schätzchen, hat er irgendwas gesagt oder getan?«

Die Band spielt ihr Lied. Das ist Leben. Das ist Wahrheit. Lass dir die Wahrheit durch den Kopf gehen. Lügen sind gefährlich. Lügen werden auf der geistlichen Ebene zerstört. Fördere vertrauenswürdige Optionen. Forellen sind darauf gepolt, gegen den Strom zu schwimmen, nicht mit ihm.

Jetzt ist es kalt, doch unter Wasser pulsiert das Leben, auch wenn du es nicht sehen kannst. Ich präsentiere Wahrheiten unter der Oberfläche. Das Eis bedeutet nicht den Tod. Weiteres Leben ist auf dem Weg, wie in der Forellen-Saison. Wandere stromaufwärts zum Ursprung der Wolken. Wende dich den Liedern stromaufwärts zu, wo der Fels der Ewigkeit die Steine der Wahrheit auftürmt. Geht stromaufwärts, um euch zu vermehren.

Seine Worte brachten mich ins Schwimmen, ließen mich schweben, machten mich frei. Jemand wachte über uns. Da bekam der Begriff »einen Engel beherbergen, ohne es zu bemerken« doch eine ganz neue Bedeutung.

Es passierte wieder, diesmal im Gastronomie-Bereich des Kindermuseums.

»Sieh nur«, meinte Joe. »Das ist ja komisch. Josiah starrt wie hypnotisiert aus dem Fenster. Ich seh da draußen nur einen Mann, der aus dem Auto steigt und seinen Wagen abschließt. Hey Kumpel, was schaust du dir an?« Joe und ich starrten gebannt auf das I-Pad, auf dem die Antwort erschien.

Dieser Typ ist ein Christ und sein Engel stand neben seinem Auto. Ein atemberaubend schöner Engel steht neben seinem Auto.

Joe und ich tauschten einen Blick. Ich versuchte zu verstehen, was hier vor sich ging. Hatte der Typ gerade wegen seines Autos gebetet, oder was? Hatte jemand anderes für seinen Schutz gebetet? Oder war dieser spezielle Engel einfach sein ständiger Begleiter?

Ich dachte an Psalm 34,8: *Denn der Engel des Herrn beschützt die, die ihm gehorchen, und rettet sie.*

Es war unfassbar, auf diese Weise mitzuerleben, wie die Heilige Schrift zum Leben erweckt wurde. Dank Josiah würde ich die Welt nie wieder im selben Licht sehen.

Im Laufe der nächsten Tage beschloss ich, näher auf das Thema Engel einzugehen. »Wie oft siehst du sie?«, fragte ich Josiah, während ich ihm eine Serviette aus dem Mund zog.

Ich sehe die Engel sehr oft. Vielleicht einmal am Tag, wenn ich wach bin. Und nachts die ganze Zeit. Ich sehe sie in meinem Haus, in meinem fröhlichen großen Wohnzimmer, wo sie sich zu Orten bewegen, an denen ich sehen kann, wie die Engel uns belauschen. Engel zu sehen ist schön, denn sie umarmen mein Leben, um mich in meinen besten Bereichen zu festigen.

Ich höre Engel öfter, als ich sie sehe. Sie zu hören, ist überwältigend für mich. Große Engel bauen mich auf, um meine guten hilfreichen Fakten zu formulieren, damit meine Mutter von diesen Dingen erfährt.

»Es ist so toll, diese Dinge zu erfahren«, sagte ich. »Wie groß sind sie?«

Klein, mittelgroß, groß und riesengroß.

»Haben wir alle einen Engel, der uns von Geburt an begleitet?
Ich meine einen, der uns quasi das ganze Leben lang zur Seite
steht und uns hilft?«

**Aber so was von Ja! Es ist nicht nur eine Geschichte. Es ist wahr.
Es ist großartig, sich nach diesem Verständnis zu sehnen, denn die
Schutzengel können uns sehr gut leiden. Sie sind perfekt für uns
und sie verstehen uns. Es ist sehr schön, einen Schutzengel zu
haben.**

»Letztens hast du einige Engel namentlich erwähnt. Wie Banfa,
zum Beispiel. Wie ist er so?«

**Banfa ist großer Engel singender Sorte. Er erstellt viele gekonn-
te Anwendungen auf lebensnahe Lösungen, um sich den Engeln
bei der Suche nach Gottes Einstellung auf dieser Erde anzuschließen. Er hat bei einem höheren Zweck eine wichtige Rolle gespielt.
Er war so ziemlich der Engel, der für die Lösung von Problemen
zuständig war, für die es keine bekannte Lösung gab. Er ist der
strahlende Licht-Anführer des Zeitalters der Heilung. Es war großartig zu wissen, dass er die Trommel dafür rührt, das Autismus-
Problem in dieser Welt zu lösen.**

Eigentlich könnte man meinen, ich hätte mich mittlerweile daran gewöhnt, aber seine Worte gingen mir immer noch durch
Mark und Bein. »Okay, du hast Ronda als deinen Schutzengel
bezeichnet. Wer ist sie? Ich wusste nicht einmal, dass es so was
wie weibliche Engel gibt.«

**Männlichkeit und Weiblichkeit sind im Himmel anders als auf
der Erde. Das hat nichts mit männlichen oder weiblichen Körper-
teilen zu tun. Engel bestehen auf einer Sache: ein bisschen so aus-
zusehen wie wir. Es ist wie mit Gott. Es ist sein Ebenbild. Sein
Ebenbild ist auch diese große Gruppe Engel.**

**Andere mögen spitze Ohren und riesige Mäuler wie Tiere ha-
ben. Eine Art Löwen-Menschen. Es ist schwer zu erklären, weil sie
alle so unterschiedlich sind. Es gibt eine unendliche Vielfalt. Viele
verschiedene Farben. Ich bin nur nicht fähig, die Besonderheiten**

zu erkennen, weil es nicht meine Aufgabe ist, mich damit zu befassen.

Ronda ist mein Schutzengel. Er sieht eher weiblich aus. Er ist sehr nett zu mir. Er hat riesige Flügel. Er ist mein Engel, um in mir zu wirken, zu bemerken, dass mein Leben größer ist, wenn meine Aufgabe größer ist. Der große Ronda ist gewaltige drei Meter groß oder so. Er ist schnell an meiner Seite. Er ist mächtig genug, grässliche Dämonen auf rechtschaffene Weise von mir wegzutreiben, während ich bete. Er kämpft die ganze Zeit für mich.

»Wow«, sagte ich. »Das klingt, als könnten selbst die stärksten Bodyguards dieser Welt diesen herrlichen Wesen nicht das Wasser reichen. Da stellt sich mir eine andere Frage. Viele Christen sprechen von geistlicher Kriegsführung. Weißt du, was es damit auf sich hat?«

Kriegsführung kommt in meinem Wortschatz kaum vor. Es geht darum, dass große Dämonen mächtig werden, weil der Mensch seiner Lebensaufgabe, Gottes gewandte Wege zu säen und zu ernten, nicht genug Beachtung schenkt. Luzifer rennt herum und errichtet seine Paläste an zweckmäßigen Stellen seines Reiches, aber er ist unserem Herrn nicht ebenbürtig. Er ist ein sehr verzogenes Balg und ein großer Lügner.

Kriegsführung ist, wenn die treue Menschheit Jesus dem schuldigen Auftrag Luzifers vorzieht, der sich beeilt, unsere Hände und Füße zu fesseln. Unsere Hände und Füße sind zweckmäßig, um unserer Welt Leben zuzusprechen. Er kämpft heftig gegen uns, aber man darf es sich nicht als Kampf Mann gegen Mann vorstellen. Es ist nicht so, als würde er mit seiner Armee gegen uns und Gottes Armee kämpfen. Der große mächtige Heiland besteht darauf, dass er gewinnt, und wir sind mehr als Eroberer. Es ist nicht gewinnen, sondern bewachen. Ich kämpfe nicht. Ich verteidige seine Stellung.

»Das werde ich mir für das nächste Mal merken, wenn ich wieder mit etwas zu kämpfen habe«, sagte ich. »Das sind wirklich kluge Worte. Du hast auch schon mal etwas über einen Engel namens Gamma geschrieben, vor allem damals, als du gerade mit dem Schreiben angefangen hattest.«

Ja. Das ist Gamma. Er ist ein zehnfacher Gewinn. Dein Reingewinn geht mit einer natürlichen Rückzahlung einher, für Probleme, die dich in heiliger Gerechtigkeit nerven. Gamma vervielfacht den Segen für deine Probleme.

Gamma ist sehr groß, vielleicht viereinhalb Meter groß. Er sieht weiblich aus, obwohl er tatsächlich nichts an sich hat, das ihn weiblich macht. Er sieht einfach hübsch aus. Er ist die riesengroße Art erntender Engel. Er erntet, was für dich gesät ist, und schenkt dir viel Freude. Gamma war nicht nur im Himmel, sondern auch hier.

»Wow«, meinte ich. »Ich werde nicht so tun, als würde ich das alles verstehen, aber es ist echt faszinierend und ich höre dir gebannt zu. Ich habe mich gefragt, ob du mir vielleicht etwas über Jehud erzählen könntest?«

Jehud war der große Engel der Lobpreisung. Ich war von Ehrfurcht erfüllt, als ich sah, wie er unsere Familie in Lobpreis umschloss, um Jesus als unseren Herrn noch mehr zu lieben. Seine Erscheinung ist wie Feuer. Er handelt, um unser Licht natürlich zu machen, während unser großer Gott unser echtes Leben rettet, wenn wir lobpreisen. Er war ungefähr eins achtzig groß.

Es ist wundervoll, auch eure Engel zu sehen, Moms und Dads, aber das ist mir nur ab und zu gegeben. Es ist sehr schön zu sehen, wie dein Engel dich höflich dazu bringt, mehr zu lieben, und Dads Engel ihn dazu bewegt, mehr wie ein Mann großer, durchschlagender Freude zu denken.

»O Josiah«, sagte ich und drückte seine Schulter. »Ich weiß manchmal nicht, was ich sagen soll. Danke, dass du mir das alles erzählst.«

Ich beschloss, die Namen der Engel bei Google einzugeben. Mal sehen, was dabei herauskommen würde. Ich fing mit Banfa an, dem Engel, der ihn angeblich an einen Ort gebracht hatte, wo man Mandarin sprach.

Und als ob ich es geahnt hätte, stellte sich heraus, dass Banfa das chinesische Wort für »Methode« oder »Weg« war. Es bedeutete »Lösung«, genau das, wofür Banfa laut Josiah zuständig war. Diese Erkenntnis stachelte meine Neugier weiter an.

Ronda bedeutete »guter Speer«. Der perfekte Name für einen Schutzengel.

Und warum war ich nicht überrascht, dass Jehud mehr als nur eine Stadt in Israel war? Es bedeutete »preisen« – genau das, wonach mir jetzt war, nachdem ich all diese unglaublichen Dinge herausgefunden hatte. Ich ließ mich auf die Couch fallen, streckte meine Hände zum Himmel, wobei ich mich klein und gleichzeitig groß fühlte.

Ich preise dich, Vater, Herr des Himmels und der Erde, denn du hast all diese Dinge vor den Weisen und Gelehrten verborgen und sie kleinen Kindern offenbart. Danke, dass du mir die Augen geöffnet hast, und bitte höre nicht auf, sie noch weiter für mich zu öffnen.

23
Förderer und Fabriken

»Ich schlug mein Herz auf, an einem glücklichen Tag,
als ich ein Luftschloss im Himmel bestellte.«

Josiah Cullen

März 2014

Nachdem wir eine interessante Führung durch das Mehlsilo in den Ruinen der Gold-Medal-Mehlfabrik mitgemacht hatten, brauchte ich eine Pause. Joe stellte sich an, um mir einen Espresso zu kaufen, während Josiah, der erst etwas über irdische Fabriken geschrieben hatte, plötzlich zu den himmlischen wechselte.

»Fabriken im Himmel?«, fragte ich. »Was meinst du damit?«

Er zog den Schuh zum Gesicht und schwang ihn wieder zu Boden, bevor er fortfuhr.

Die Apfel-Mutproben-Fabrik ist die Fabrik von Gottes reichlichen Gelegenheiten, etwas zu tun, das man normalerweise nicht tun würde. Man bekommt einen Apfel aus der Maschine, den man in den Händen des helfenden Engels auf die Erde schickt, für eine Person, die sich etwas trauen soll.

»Ich bin verwirrt«, meinte ich. »Also fängt das alles mit einer Art Fabrik im Himmel an?«

Die Fabriken sind schwierig zu erklären. Innen sieht es wie eine Fabrik aus, aber es braucht viel weniger Zeit, etwas zu produ-

zieren. Wenn du an etwas denkst, wird es blitzschnell vor deinen Augen erschaffen.

»Wow. Klingt seltsam. Bist du dir sicher?«

Du musst verstehen. Der Geist ist wie die natürliche Welt, aber realer als unsere Welt. Trotzdem sind die Mutproben in Äpfeln, zum Beispiel, weil sie süße Belohnungen für jene sind, die sie pflücken, die sie kosten.

Ich schüttelte den Kopf. »Mutproben sind in Äpfeln?«

Es ist ein Apfel im geistlichen Sinne. Die Person entwickelt ein starkes Bedürfnis, einen wagemutigen Satz in die Prüfungen des Schicksals zu machen, die sie dazu bringen, Gott mehr zu brauchen, um ein solches Kunststück zu meistern. So funktioniert das.

Josiahs Hand schwang wie eine sprechende Handpuppe über seinem Kopf herum und fiel dann wieder runter.

Viele Menschen arbeiten in der Apfel-Mutproben-Fabrik, wo sie sich Mutproben ausdenken, die sie aussprechen, damit Leute für den nächsten Schritt inspiriert sind. Die Aufträge kommen von inspirierten Musen, die sagen: »Diese Person braucht dies. Jene Person braucht das. Ersinnt eine gute Mutprobe. Führt sie an sie heran.«

Der Auftrag wird erteilt und in eine Kiste gepackt und die Engelsboten liefern die Mutprobe aus. Glücklicherweise erkennen sie anhand deiner Entscheidung, ob du die Mutprobe annehmen wirst, wenn sie vor dir stehen. Wenn du sie annimmst, hinterlassen sie eine süße Belohnung. Wenn nicht, nehmen sie sie mit zurück.

Als wir zu Hause angekommen waren, führten Josiah und ich unser Gespräch auf der Couch weiter, während Joe von der Seite aus zusah.

»Ich verstehe es immer noch nicht richtig«, meinte ich. »Du hast gesagt, die Aufträge würden im Himmel erteilt. Wie funktioniert das?«

Die Förderer reihen sich zu Füßen des Vaters auf und sagen: »Bitte Vater, hilf meiner aufgebrachten Welt. Die täglichen Sorgen bereiten denen, die ich liebe, großen Kummer. Wenn das Vertrauen schwach ist, so Vater, schicke ihnen einfach dein Vertrauen.« **Ein Auftrag wird erteilt und er schickt Vertrauen mit den Engeln auf die Erde.**

»Es übersteigt das Vorstellungsvermögen, sich auszumalen, dass Leute im Himmel tatsächlich mit Engeln zusammenarbeiten«, meinte ich. »Ich glaube nicht, dass ich theologische Beweise dafür finden könnte, auch wenn es auf seltsame Art Sinn ergibt. Wenn sie also gemeinsam ein Teil des Himmels sind, bedeutet das auch, dass sich beide Gruppen unserer Existenz auf Erden bewusst sind?«

Er tippte drei Worte. **Sie sehen euch.** Dann haute er in die Tasten seines Spielzeug-Löwen-Klaviers.

»Hey, das hier tut uns beiden gut. Bitte erzähl weiter.« Ich wusste, dass er es wahrscheinlich wollte, aber ein wenig Unterstützung brauchte, also führte ich ihn zur Couch zurück.

Sie erinnern sich an die Lebenskrisen, wenn etwas Schlimmes passiert war, also unterstützen sie einen dabei zu sagen: »Hilf ihnen, Vater.«

»Hat es Tantchen auch so gemacht?«

Tantchen hat gesehen, wie sehr ich mich abgemüht habe, zu verstehen. Sie bemühte sich, zu verstehen. Sie war schlau, konnte aber nicht richtig sehen, um zu lernen, also war sie als Kind sehr traurig. Es machte sie traurig, dass ich traurig wurde. Sie bat einen Engel, mir das Vertrauen zu geben, mich präsentieren zu können. So wurde ich dazu gebracht, zu sagen: »Ich bin dem Leben gegenüber nicht mehr blind.«

»Also hat Tantchen einem Engel davon erzählt«, sagte ich fasziniert. Ich wusste, dass Tantchen Zeit ihres Lebens an Erblindungsanfällen gelitten hatte, wodurch es ihr auch verwehrt gewesen war,

Lehrerin zu werden. Es war wunderbar zu wissen, dass sie nun anderen half, diese Dinge zu erkennen.

Das ist die tägliche Arbeit der Förderung: mehr zu sein, als man sich selbst zugetraut hätte.

Unglaublich, nicht wahr, Mom? Die Arbeit im Himmel wird aus zwei Gründen getan: Erstens, als Baumaßnahmen, um Unterkünfte für jene zu errichten, die eines Tages im Himmel ankommen; zweitens, um den Menschen auf der Erde zu helfen, und all das zu probieren, bereitet den himmlischen Bewohnern große Freude.

Also verstehe, dass die meisten mobilisierten Arbeiter die Musik machen, um ihr immerwährendes Vertrauen in die Menschen auf der Erde zum Ausdruck zu bringen. Oh, und es macht mich so glücklich, dir das sagen zu können. Unsere himmlischen Verwandten und Freunde helfen uns auch weiterhin hier auf der Erde. Ken ist ein extrem schneller Apfel-Mutproben-Bediener. Er macht aus Äpfeln Mutproben.

»Mein Vater?«, fragte ich vorsichtig. Ich versuchte mir vorzustellen, wie er uns mit einem breiten Lächeln beobachtete, während Josiah mir genug Apfel-Mutproben reichte, um einen ganzen Korb zu füllen. Ich versuchte zu atmen. »Josiah, das haut mich wirklich um. Was machen die anderen im Himmel?«

Dean arbeitet an einem prächtigen, originellen Ort, aus dem Ideen für die Welt strömen, die wie innovative Ersatzteile klingen. Er ist der Vorarbeiter für innovative Ideen, um dabei zu helfen, Ideen zum Leben zu erwecken, weil er auf der Erde Menschen dabei geholfen hat, ihre Methoden zu überarbeiten, damit sie erfolgreich sein konnten.

»Mein Bruder?« In meiner Fassungslosigkeit hatte ich kaum Gelegenheit, darüber nachzudenken, als er schon anfing, etwas über die Mutter meiner Mutter zu schreiben.

Mary Anderson näht zerbrochene Herzen wieder zusammen. Das ist ihre Aufgabe. Engel liefern sie aus. Der Auftrag ist erfüllt, wenn ein zusammengenähtes Herz in Empfang genommen wird und mithilfe des Glaubens wieder geheilt ist in unserer Seele. Sie weiß, wessen Herz es ist, das sie flickt, und sie säumt es mit Worten des Lebens, wie:»Denk an diese Dinge: Wunderschön, rein, gutes Zeugnis, Kind. Sprich es aus und du wirst wieder leben. Also lauf es dir von der Seele.«

Auf der Erde musste Mary das tun, als sie ihren Sohn, Gordon, verlor. Also regt sie jetzt andere dazu an, es sich von der Seele zu laufen. So wie sie sich Gott zuwandte, werden sie sich Gott zuwenden, um ihren Kummer heilen zu lassen. Sie flickt Herzen.

Ich fuhr mir mit der Hand durchs Haar und dachte daran, wie meine Mutter mir damals von dem tödlichen Autounfall ihres Bruders Gordon erzählt hatte, bei dem er drei kleine Kinder und eine Frau hinterlassen hatte. Hieß das etwa, dass, genau wie im zweiten Korintherbrief, Oma Mary den Trost, der sie getröstet hatte, nun an andere weitergab? Könnte man diese Verse über den Trost auch auf die himmlischen Dimensionen übertragen? In meinem Kopf drehte sich alles so schnell, dass ich gar nicht mehr mitkam, und nichts hätte meine Aufmerksamkeit jetzt vom I-Pad ablenken können.

Tantchen mochte gutes, gesundes Essen, also ist sie ein Produzent guten Essens für diese Erde. Sie macht Weizen, Hafer, Himbeeren und ganz viel guten Baumsirup. Sie liebte Sirup.

Tja, auch damit lag er richtig. Tantchen war ein großer Freund von Vollwertkost gewesen und hatte immer hochwertigen Sirup auf selbst gebackenem Maisbrot gegessen.

Du erinnerst dich dran, dass sie ihn mochte. Im Himmel macht sie gutes Essen für die Erde, um das Land zu heilen, den Magen zu heilen, die Produkte des stolzen Systems zu heilen, damit sie heilsamer für die Körper der Menschen sind. Sie setzt auf geistlicher Ebene besseres Essen frei.

Rusty soll sich mit den Leuten anfreunden, also erstellt er pflichtgetreu prächtige, originalgetreue Drucke der Ranches.

»Hey, warte!«, rief ich. »Komm zurück!« Zu spät. Er hatte sich bereits von der Couch gewunden, war auf die alte Holztruhe vor dem Fenster gestiegen und sprang von dort hoch in die Luft. »Kannst du den Satz noch zu Ende bringen?« Ich griff ihn am Arm und kitzelte ihn durch.

Schließlich ließ er sich auf die Couch fallen, riss einmal kurz an seinen Haaren und begann wieder zu schreiben. **Weißt du, ich habe dir vom Leben auf der Ranch erzählt. Ich weiß das alles von Rusty. Das Ranch-Leben ist der Druck, den er entworfen hat, um ihn zur Erde zu schicken.** Ich starrte ihn verblüfft an. »Die Botschaft über Pferde kam von meinem Großvater? Nee, oder?«

Doch Josiah widmete sich bereits wieder seinem Spielzeugklavier. Ich nutzte die Pause, um mir die gespeicherten Botschaften durchzulesen, die er Wochen zuvor verfasst hatte. **Es gibt zwei Ranches. Auf einer gibt es vier Ponys, auf der anderen ein Pferd. Die Ranch mit den vier Ponys sind Gewinn, Stolz, Verzögerung und Selbstverherrlichung, die in der heutigen Welt vorkommen und versuchen, die Menschen auf die Rücken dieser Ponys zu setzen. Auf dem Rücken des einen Pferdes zu ruhen – Gottes Macht – bedeutet, seine Wege als jene zu betrachten, die es wert sind, verfolgt zu werden, vom Gehorsam eingeritten zu werden und sich nicht so zu verhalten, als sei man etwas für sich Alleinstehendes.**

Viele Menschen werden sagen, die Pony-Ranch sei ihre Welt. Na ja, nicht unbedingt. Man könnte auf der Pferde-Ranch leben, auf dem Rücken des einen Pferdes, das alles aufrechthält. Man beschwert sich, wie schwer das Leben auf der Pony-Ranch ist, aber man hat diese Ranch aufgesucht. Und man hat es schwer dort, also wie wär's, wenn man auf der Pferde-Ranch lebt, anstatt sich von den Ponys herumschleifen zu lassen?

Auf der Pferde-Ranch ist es hervorragende Zusammenarbeit zu sagen: »Mir gefällt es hier, also werde ich hier bleiben.« Dir steht

auf Gottes Ranch alles zur Verfügung, um Gerechtigkeit auf diesen Planeten zu bringen.

Josiahs Gleichnis sprach mich jetzt sogar mehr an als beim ersten Lesen. Opa hatte meine Mutter und ihre Geschwister auf einer Pferde-Ranch in South Dakota großgezogen, also war es auf seltsame Weise einleuchtend, dass Opas Job im Himmel bereichernder, tiefgründiger und erfüllender war. Warum sollte er also nicht so einen »Druck« entwerfen, den die Engel dann auf der Erde veröffentlichen konnten?

Eines Tages wollte Josiah nach der Kirche etwas tun, an dem er ab und an Freude hatte: ein Bild malen. Er drückte einen großen Klecks rote Acrylfarbe auf seinen Pinsel und malte einen grellen Streifen oben quer über die obere Hälfte seines Blattes.

»Schöner Himmel«, sagte ich. Er erinnerte mich an den dünnen Schleier, der den Himmel von der Erde trennte, und daran, wie Gott diesen in letzter Zeit immer weiter lüftete.

»Können wir dich jetzt sauber machen?«, fragte ich, als er fertig war. »Warte, ich will dir noch die rote Farbe von den Händen waschen.«

Ich räumte etwas Platz für das I-Pad frei. »Josiah, ich frage mich, wie viel unsere verstorbenen Verwandten über uns wissen?«

Nichts bleibt denen, die wir lieben, im Himmel verborgen. Sie kennen unsere größten Ängste und unsere Momente des Triumphs. Es ist nicht einfach aus dem Auge, aus dem Sinn. Unsere Verwandten finden alles über uns raus.

Ich räusperte mich. »Also könnten sie jetzt gerade auf uns herabsehen und in unserem Interesse wirken? Mein Vater zusammen mit allen anderen?«

Viele Menschen bekommen die Gelegenheit, ihre Talente und Gaben auf perfekte Weise im Himmel einzusetzen, um Menschen auf der Erde zu helfen. Ideen werden angeboten, Gerechtigkeit wird angeboten, Trost wird angeboten, Freude wird angeboten und vieles mehr.

Die gehorsame Mary Anderson macht ständig für ihre Familie die Runde. Täglich trägt sie Gott irgendwelche Anliegen vor. Sie regt den Glauben der einfachen Familie mit den Worten an:»Statte ihr Leben mit Glauben aus, Vater, damit sie Bilder für deinen König sein können. Jedes Mal, wenn die täglichen Sorgen bei ihnen laut werden, erleidet ihr Geist einen Fieberschub, Herr. Ich bitte dich jetzt, Richard, Rosannah, Boyd, John, Sharon und Gordons Familie, den Familien all meiner Kinder, Glauben zu schicken, damit sie heute vor dir zu Kindern werden können, so wie ich es vor dir bin. Erwecke ihre Herzen. Erwähle ihr Leben dafür, wagemutig zu sein, erfüllt von Ordnung, Schlichtheit und Vertrauen in dich. Erfreue dich daran, sie zu segnen. Vater, sie werden auf prächtige Weise meine Forellen auf der Erde sein, um gegen den Strom, nicht mit ihm, zu schwimmen.«

»Amen«, sagte ich, als mir ein Gedanke durch den Kopf schoss. War es möglich, dass der Ausdruck »wie im Himmel, so auf Erden« mehr bedeutete, als ich bisher angenommen hatte? Ich fragte Josiah und bekam prompt eine Antwort.

Die vielen Zeugen, die uns umgeben, sagen:»Lauf das Rennen.« Es ist der tägliche Vollzeitjob der lauten Diener Gottes, ihre Welt im Himmel herauszufordern, um ihrer Welt auf der Erde zu helfen. Dies ist der Kreislauf von Gottes Heiligen. Wenn du im Himmel bist, bist du zu Hause. Verstehst du das? Ich bin jetzt so reich in meiner Welt hier und da, beides zur gleichen Zeit.

Mit diesen Worten rutschte Josiah geräuschvoll unter den Tisch.»La, la, lii ...«

»Okay, lass uns rüber auf die Couch gehen. Dann kannst du mir vielleicht erklären, wie unsere Förderer uns sehen können.« Ich half ihm hoch und wir stolperten zur Couch. Er ließ sich darauffallen und wiegte sich vor und zurück, bis ich seine Hand zum I-Pad führte.

Unsere Lieben sehen uns, indem sie sich auf die Simse der ungewöhnlichen Häuser des Himmels begeben, die mit Terrassen gewaltigen Ausmaßes ausgestattet sind. Auf diesen Terrassen teilen sich viele Welten und sie können durch die Finsternis auf die Erde herabsehen. Es ist ein lustiges Fragespiel von »Was geht gerade da unten auf meiner Welt vor sich?« Die Engel steigen ständig auf und ab.

»Du meinst, wie in Jakobs Traum, in dem die Engel die Leiter hoch- und runtersteigen?«

Doch Josiah war bereits zum Spielmodus übergegangen. Er rollte sich wie ein Reifen herum, während sich alles in meinem Kopf mindestens genauso schnell drehte.

Ich wusste aus der Bibel, dass Gott ständig ein Auge auf uns hatte, also wäre es nicht irgendwie albern, wenn die Leute im Himmel, die Gott so nah waren, keine Ahnung hätten, was hier unten auf der Erde vor sich ging?

Auf der Suche nach weiteren Antworten griff ich zu meiner Bibel und richtete mich erstaunt auf, als ich zu Samuel 28 kam. Die Geschichte hatte ich fast vergessen.

König Saul war nicht in der Lage, Gottes Botschaft auf den üblichen Wegen zu empfangen, also tat er etwas, das er besser gelassen hätte. Er beauftragte ein Medium, den Propheten Samuel heraufzubeschwören, der bereits verstorben war. In dem kurzen Gespräch zwischen Samuel und König Saul wusste Samuel ganz genau, was sich in der Zeit nach seinem Tod auf der Erde zugetragen hatte.

Könnte es sein, dass Gott in den vergangenen Tagen den Schleier von sich aus lüften und uns mehr offenbaren wollte? Angesichts meines tagtäglichen Schmerzes war ich dank dieser Wahrheiten auf jeden Fall noch gespannter auf mein himmlisches Zuhause.

Am nächsten Tag führte Josiah noch vor der Schule seine Erläuterungen über diese spezielle Form der Förderung fort.

So wie Leuchttürme die Schiffe sicher in den Hafen lotsen, bewachen uns unsere Lieben, als wären wir auf hoher See. Die Liebe lässt sie erkennen, wann das Schiff auf seinem strahlenden Kurs ist.

Kommt es von der vorgesehenen Route ab, wird es im Wasser herumgeworfen. Sie sind vielleicht nicht mit allen Einzelheiten vertraut, aber sie wissen, wenn unser Glaube uns nicht in Richtung unseres Leuchtturms lenkt. Dann sagen sie:»Das ist ein Verwandter oder Freund von mir. Es ist mein unbedingter Wunsch, diese Person im Himmel zu sehen.«

Ich dachte, es wäre ganz normal, diese Dinge zu wissen, Mom. Ist es denn nicht so? Es ist wagemutig, nur zu wissen, dass die Bibel von dieser großen Idee berichtet. Die Antwort ist überwältigend, wenn man sie erkennt.

Das Leben in meiner eingeschränkten Welt macht nicht das ganze Leben aus. Unsere Herzen sind für die Ewigkeit geschaffen. Die neunzig Jahre oder weniger, die man uns zuspricht, mögen lang erscheinen, doch sie machen nicht unser ganzes Leben aus. Unser Leben geht weiter.

In diesem Moment hielt der Schulbus vor unserer Tür, also umarmte ich ihn schnell, drückte ihm einen Kuss auf und begleitete ihn nach draußen. Er hatte eine unglaubliche, seltsame und wundervolle Schatzkiste geöffnet und ich konnte es kaum erwarten, den Rest zu erfahren.

24

Himmlische Villen

»Die Villen sind groß und anders,
mit Freunden wie gestreiften Katzen
und zotteligen Hunden, die man als Kind kannte.
Ich habe bereits eine Villa!«

Josiah Cullen

April 2014
Eines Tages plauderte ich mit Josiah nach der Schule über seine
Lehrer und Schulfächer, bis sich unser Gespräch plötzlich seinem
Lieblingsthema zuwandte: dem Himmel.

**Große Villen sind keine Motels oder Tipis oder Unterkünfte,
wie wir sie kennen. Villen sind unser Leben, kühn in mehreren
Ebenen in unserem äußeren Haus gebaut. Allein die Vorstellung,
dass wir eigene Häuser im Himmel haben, ist wirklich toll. Warum? Weil jede Person anders ist. Die Villen sind der Ausdruck der
Individualität dieser Person in Form eines Hauses.**

»Wow, das ist abgefahren. Ich kann es kaum erwarten. Gibt's da
oben auch Haustiere?«

**Katzen, die du geliebt hast, sind Katzen, die du dort besitzt. Die
Freude deiner langen Jahre als Kind, von denen du eine schwung-
volle, große, schöne Umarmung bekommst. Erinnere dich an alles,
was du geliebt hast. Es wird in deiner Villa sein.**

»Oh, okay. Ich mag Hunde lieber als Katzen, also nehme ich an, dass ich Fluffy, Tria und Rags wiedersehen werde.«

Er rieb sich die Augen.

Anonym bittet deine Familie darum, dass deine großen Schätzchen auf dich warten. Es ist toll, wenn eine nette Bande auf sichere Weise deine Villa so wunderschön macht, bevor du sie überhaupt zu Gesicht bekommst. Bei einer der schnellen Familienversammlungen gab mein Opa Ken mit Omas Puppen an. Er sagte, es sei großartig von ihr, diese kleinen Puppen Stück für Stück in ihrem Nähzimmer im Keller herzustellen. Es war im Prinzip ihre große Freude, diese kleinen Puppen und die Puppenkleidung zu produzieren.

»Du weißt von den Puppen?«, fragte ich und richtete mich auf.

»Woher? Was hast du herausgefunden?«

Er sagte, du liebtest Hercermer so sehr, er war größer als alle deine anderen Puppen. Er baute dir ein schönes Hochbett für deine Puppen. Er baute aus dem Hochbett eine große Wiege für Hercermer. Du hattest einen kleinen blonden Puppenjungen in deinem Puppenzimmer. Ihm fiel auf, dass er wie ich aussah, Mom. Er war dein Liebling. Nichts als Freude mit Hercermer.

Das I-Pad zitterte in meinen Händen. Woher wusste er von Hercermer?

Es stärkte unsere Familienbande, noch bevor ich geboren wurde, eine Puppe zu haben, die mir ähnelte, Mom. Ein echtes Kind würde kommen, aber du liebtest diese blondschopfige Puppe. War dein Hercermer wie ich, Mom? War Hercermer deine liebste Puppe? All mein Babygebrabbel war toll, nicht wahr, Mom?

Babygebrabbel. Du meine Güte, ja. Von Anfang an hatte sein lebhaftes Kleinkindgeplapper mein Herz schmelzen lassen. Er entwickelte seinen Wortschatz mit großer Freude und endlosen Wiederholungen. *Mama, Daddy, Käse, Nein-Nein, JoJo, Keks, Hummel.* Dann hatte ein Dieb ihm seine Worte entrissen. Zurück blieb nur ein großes, gähnendes Loch.

Ich erinnerte mich, wie meine Mutter mir davon erzählte, wie sie und mein Vater nach dem Verlust ihres Geschäfts sich keine Weihnachtsgeschenke leisten konnten. Ich war gerade sieben Jahre alt. Meine Mutter weigerte sich, den Kummer einfach so hinzunehmen. Sie marschierte in ihr Nähzimmer und machte ihrer Enttäuschung bei Gott Luft. Das war der Moment, an dem er sie an ihr eigenes Motto erinnerte: *Mach das Beste aus dem, was du hast.*

Sie flitzte kreuz und quer durchs Zimmer und fand alte Muster und Stoffreste, aus denen sie ihre ersten Puppen nähte: Matthew und Mandy. Die sechzig Zentimeter großen, weichen Stoffpuppen wären glatt als Zwillinge durchgegangen.

So wandelte sich der Schicksalsschlag meiner Mutter auf Kunsthandwerksmärkten in bare Münze und die Puppen wurden zu tollen Mitbringseln für Freunde.

Zwei Jahre später nähte meine Mutter mir eine Babypuppe in Jeansklamotten mit einem Kohlkopfgesicht, das unter strubbeligem, gelbem Nähgarnhaar hervorlächelte. Ich taufte sie Hercermer, meine absolute Lieblingspuppe. Meine Augen wanderten zum I-Pad zurück.

Ken wusste, wie sehr du sie mochtest, also hat er sie dort für dich gemacht, so wie er sich an sie erinnert. Hercermer wird dort sein.

Mit diesen Worten flitzte er aus dem Zimmer.

»Hey, warte! Wir sind noch nicht fertig!« Seine Worte hallten in meinem Kopf, als ich ihm hinterherjagte. Ich hielt ihn auf seinem Bett fest, strich ihm durchs Haar und versuchte, das Zittern in meiner Stimme zu verbergen. »Heißt das, es gibt eine Kopie von Hercermer im Himmel?«

Was auch in deiner Villa sein wird, sind die Sandalen, die du anhattest, als du Medea in diesem Theaterstück mit Dad gespielt hast. Du mochtest diese Sandalen und hast sie auf der Bühne getragen. Die heiligen Arbeiter haben die andere Großmutter dazu angestiftet, sie für dich anzufertigen. Es waren die Sandalen, die du

anhattest, als du anfingst, mit meinem Vater auszugehen. Es hat Spaß gemacht, ihm den Anstoß zu geben, dein Partner zu werden, also wirst du die Sandalen dort haben. *Würde bitte jemand meine Kinnlade wieder vom Boden hochholen?* Wir hatten ihm *kein Wort* davon erzählt. Und ganz bestimmt konnte er nicht wissen, dass ich in meinem letzten Jahr am College ein Paar griechische Riemensandalen getragen hatte, die am Knöchel gebunden wurden. Modisch betrachtet hätte sie auch Jesus tragen können, aber sie waren perfekt für das Theaterstück geeignet, in dem ich spielte, und sie hatten immer eine besondere Bedeutung für mich gehabt. Also wusste er auch darüber Bescheid? Ich beobachtete ihn gebannt, um herauszufinden, was er noch wusste.

Ich liebe meine Villa. Sie ist groß und mein Klavier steht darin. Meine gesetzten Finger klimpern Musik daraus hervor, die man noch nie aus einfachen Klavieren gehört hat. Es ist gestaltet, als sei man im Inneren, aber es tut den Ohren gar nicht weh. Heißt das, ich werde eines Tages ein Klavier auf der Erde erstrahlen lassen? So verstehe ich es zumindest.

Meine Villa aufzusuchen, hat nie gekannte Freude in mir erweckt, das große Klettergerüst in meinem eigenen Haus zu sehen.

Was mir am besten gefällt, ist dieses Licht an der Decke. Es wirkt wie ein gewaltiger Kronleuchter, ist es aber nicht. Es ist das freudige Schriftstück, das ich verfasst habe, als wäre es im Innern des Kronleuchters und würde die Freude in meinem Leben erstrahlen lassen.

Meine Villa ist teilweise mit Möbeln ausgestattet, von denen aus ich immer gerne in die höchsten Höhen aufsteige, indem ich darauf herumspringe.

Josiah sprang auf und begann, auf seinem Bett herumzuhüpfen.

»Hey, was machst du da?«, fragte ich. »Willst du mir vorführen, wie das abläuft? Entschuldige bitte, aber noch sind wir nicht im Himmel und ich glaube, deine Matratze hält das nicht aus, also hör bitte auf.« Lachend packte ich ihn um seine Mitte und zog ihn zu mir herunter. **Meine Möbel sind so gefedert, dass es mir schwerfällt zu sagen, wie hoch meine Decken überhaupt sind. Mein Haus ist noch nicht ganz fertig, aber es gehört mir. Es beherbergt mein bisheriges Leben. Als wäre ich der Architekt, nur bin ich das nicht. Ständig sehe ich die Villen. Ich schaue in meine rein und ein bisschen in deine und im Prinzip darf ich dir nicht mehr verraten als von Hercermer und den Sandalen, die du so sehr mochtest. Ich kann nur das Äußere sehen. Sie sind dem Aussehen und der Art nach sehr verschieden. Sie sind so wie die Person. Deine Villa wird immer weiter ausgebaut, während du wächst und Dinge an deinen himmlischen Orten liebst.**

Josiah biss in eine Ecke seiner Tagesdecke. Im Stillen dankte ich Gott für meinen Sohn und seine himmlischen Erfahrungen. Dann rannte ich in mein Zimmer, um meine Mutter anzurufen.

»Du wirst es nicht glauben.« Ich erzählte ihr von Josiahs jüngsten Ausführungen.

Sie seufzte. »Oh, Tahni, er sieht unsere Verwandten. Sie sind uns näher, als wir wissen. Und Josiah lag auch mit den Betten richtig. Ich hatte sie schon ganz vergessen, aber es ist wirklich wahr. Dein Vater hat Matthews und Mandys Hochbett zu einer Wiege umgebaut.«

»Warum?«, fragte ich.

»Ach, keine Ahnung. Wahrscheinlich weil du uns gesagt hast, dass Hercermer ein Bett mit Seitenteilen brauchte, damit er nicht rausfiel.«

Ich lachte. »Das meinte ich nicht. Ich meine, warum passiert das alles unserer Familie?«

»Ich weiß es nicht«, meinte sie. »Aber ich glaube, wir sollten weiter auf Gott vertrauen und ihm für diese fantastischen Offenbarungen danken. Wer weiß, vielleicht wird er uns eines Tages auch die wundervollen Gründe, die dahinterstecken, verraten.«

25
Die Wahrheit auf dem Prüfstand

»Jesus benutzte einen schiefen Nagel,
um eine schiefe Liebe aufzutun.«

Josiah Cullen

Sommer 2014
Josiah stand nackt und regelungslos wie eine Statue vor dem Waschbecken. **Sag mir, dass ich in die Dusche steigen soll**, tippte er.

»Na schön. Steig in die Dusche.« Doch in dem Moment, als ich den Duschvorhang zurückzog, haute er ab. »Hey, stopp! Es ist so frustrierend, wenn du das Gegenteil von dem tust, was du sagst.«

Ein paar Stunden später saß ich mit ihm auf der Couch und wünschte, ich könnte die ganze Woche noch mal von vorn anfangen.

Die Klimaanlage, das Auto, alles im Hause Cullen schien nacheinander den Geist aufzugeben. Doch was mich am meisten ärgerte, war Josiahs Verhalten – und das auch noch an meinem Geburtstag.

»Was geht dir durch den Kopf, mein Großer?«

Die Sorge ist nicht mein Anteil zu tragen, Mom. Also ist die Sorge, historisch betrachtet, absolut nichts unter der Sonne und dem Sohn wert.

Sage, dass die Sorge nicht dein negativer Freund ist. Sie ist die Musik, die eine schiefe Note von sich gibt, sodass das Opus abrupt innehält. Würde sie die großen Prüfungen anheuern, um sie zu deinem Hauptaugenmerk zu machen? Das würde sie. Also sorge dafür, dass der Berg verschwindet, sonst wird dein Lied verstummen. Jetzt poste das auf Facebook.

Drei Tage später wibbelte er mit seinem Hintern von der Couch und tippte eine weitere Botschaft ein, die in meinem Gehirn wieder mal alles auf den Kopf stellte.

Bei den Prüfungen geht es um Wahrheit, nicht Leid. Also sollen sie dich schnell zur Wahrheit bringen. Nicht, um dir wehzutun, aber damit du schneller die Wahrheit erkennst, als du es sonst würdest.

Eine Prüfung ist, deine Seele darauf einzustellen, die Tatsachen im Leben zu benennen, die geändert werden müssen.

Jesus sagt: »Prüfe die Wahrheit des gebrochenen Körpers, des vergossenen Blutes. Sorge dafür, dass die Wahrheit sich der Standardwahrheit stellt: Sie ist erledigt.«

Die Welt wird nun nur von der Wahrheit auf die Probe gestellt. Zerbreche, koste, trinke, sehe, dass die Wahrheit so gut ist. Bei den Prüfungen geht es um Wahrheit, nicht Leid.

Ich musste die Botschaft immer wieder lesen. Meine Güte, und das von meinem widerspenstigen Sohn, der sich schon schwer damit tat, in die Dusche zu steigen? Er hatte absolut recht! Bei dieser Prüfung ging es nicht um meine finanziellen Sorgen, mein verrücktes Leben oder alles andere. Bei dieser Prüfung ging es darum, ob ich Gottes Wahrheit glaubte oder nicht. Glaubte ich dem Herrn, wenn er sagte, dass er mir aus seinem großen Reichtum alles geben würde, was ich brauchte? Glaubte ich meinem Gott, der die Welt mit einem Befehl erschuf und mich schon liebte, bevor ich überhaupt geboren war?

Am Wochenende war Josiah ganz wild darauf loszuziehen. **Geh mit mir irgendwo hin, wo es Musik gibt**, schrieb er. Glücklicherweise wusste ich da genau das Richtige: das irische Volksfest. Als wir dort ankamen, wiegte sich Josiah im Rhythmus der Geigen, Flöten, Akkordeons und Handtrommeln. Hier gab es wirbelnde Tänzer mit fliegenden Füßen, schwingende Röcke und lachende Kinder. Als wir an den Ständen mit den schönen Waren und Spielangeboten entlangliefen, wirkte Josiah mit seiner Schiebermütze und seinem Irland-T-Shirt wie ein echter kleiner Ire. Joes irische Eltern wären stolz gewesen.

Wir gingen an Männern in Kilts vorbei, die mit aufgeblasenen Backen ihre Dudelsäcke spielten. Hellhäutige junge Tänzerinnen eilten in gelockten Perücken herum, die mich an die Puppen meiner Mutter erinnerten.

Ich drückte Josiahs Hand, schwang sie vor und zurück und ihn dann daran herum, was ihn zum Lachen brachte.

»Hey, JoJo, schau dir mal die irischen Hunde an. Setter, Terrier, Hütehunde. Ich frage mich, wie viele kleine Hände sie im Laufe der nächsten Tage streicheln werden.«

Wir kamen an den Backwaren im Essenszelt vorbei und ich kaufte Josiah einen Zimt-Scone. Wir stöberten durch die Auslagen der Händler im Marktzelt, nahmen Schmuck, Sporttrikots, ledergebundene Tagebücher, keltische Kreuze, Hundemode mit Irland-Aufdruck und Mützen und Schals jeglicher Machart in Augenschein.

»Möchten Sie einen Hut anprobieren?«, fragte mich ein Händler. Ich stülpte mir einen über und musterte mich von allen Seiten im Spiegel. »Was meinst du, JoJo? Oh, du hast ja ein ganz heißes Gesicht bekommen. Lass uns draußen am Wasser langspazieren.«

Wir bahnten uns den Weg an den weiß bedachten Zelten vorbei und wanderten den Weg am Ufer des Mississippi entlang.

»JoJo, sieh mal. Schau dir die Wolkenkratzer von St. Paul auf der anderen Seite an. Hey, warte! Stopp! Geh nicht so nah ans Geländer ran.« Es wäre nicht das erste Mal, dass er seine Mütze und seine Brille eine Runde schwimmen schickte, aber ich wollte vor allem vermeiden, dass er sich dazugesellte.

Während wir Hand in Hand den Weg entlangliefen, musste ich an unser großes Familientreffen denken, das kürzlich in den Black Hills von South Dakota stattgefunden hatte. Josiah hatte als Kleinkind dort sein erstes Familientreffen erlebt, einen Monat bevor der Autismus bei ihm ausgebrochen war.

Seltsamerweise wollte Josiah beim letzten Treffen meiner Cousine Talitha etwas über Mary und Rustys Kinder und deren Familien erzählen. Er konnte nicht aufhören zu schreiben, wie wichtig die Familie war und wie sehr er sie zu schätzen wusste. Während er tippte, stiegen ihm sogar Tränen in die Augen.

Josiah ist wie ein echter Junge. Ich möchte mit Talitha reden und mich mit ihr anfreunden. Kullernde Tränen sind meine Art, Rustys und Marys Familie zu sagen, dass wir in diesem Moment den Himmel küssen. Lass mich sagen, wie glücklich ich bin. Glaube ist Poesie. Es ist alles kreisförmig.

Joe und ich hatten uns gewundert, dass er sich unserem erweiterten Familienkreis so verbunden fühlte, obwohl wir wenig Zeit mit ihnen verbrachten.

Als ich über Josiahs sensible Art nachdachte, während wir quer über das Gras zurückgingen, wurde mein Herz ganz leicht. Wir steuerten auf den großen weißen Pavillon zu, in dem der Tanzwettbewerb stattfinden sollte.

Perfekt – es gab noch zwei freie Plätze am Ende einer Reihe! Wir setzten uns, gerade als die Mädchen auf der Bühne begannen herumzuwirbeln. Josiah griff in meine Handtasche und suchte nach dem I-Pad, wobei er sich mit seinem spitzen Ellenbogen auf meinem Bein abstützte.

Ein Geschlecht irischer Freude. Ein wunderschönes Bild. Ich habe es im Grunde schon in meinem Kopf fertiggeschrieben. Ich sage dir, es gefällt mir unglaublich gut.

Sein Körper wiegte sich im Takt der Schritte vor und zurück.

Sende dem irischen Stamm Gottes Liebe
Segne die Maid, segne den Mann
Beweg die Füße, beweg die Hände
Schüchtern bleiben zuhörende Arme still
Wie wütende, zuhörende Arme sie sind
Arme mit Stille gesegnet
während die schnellen Beine keine Zeit verlieren
das Land zu heilen
Es ist wahr, der Tanz heilt das Land
Prächtig ist es, zu tanzen wie ein Kind des Königs
Rasend, und doch der Freude entsprungen
Es ist die gefährliche, späte Einsicht
die den Wind des Heiligen antreibt
durch die Stadt zu wehen
Genau in diesem Moment ging ein Windstoß durch den Pavillon und rüttelte am Zeltdach.
Die Dreifaltigkeit erfreut sich daran, diesen prächtigen Ort aufzurütteln
Ich bin nicht einfach ein Junge
Ich bin ein irischer Junge, von reicher Herkunft
Hebt eure Gemüter, Brüder und Mädels
Prüfungen kommen und gehen
Es ist euer Erbe, kleine Kinder
Den Tanz anzuheuern
Die kleine Band anzuheuern
Die kleinen Knaller anzuheuern
Um die Werkzeuge eures gesegneten Schöpfers zu sein
Das ist eure Freude

Während ich seine Worte las, stellte ich mir vor, wie alle Völker und Stämme, die von ihrem Herrn gleichermaßen und ausgesprochen geliebt wurden, um seinen Thron herumtanzten.

247

Wir gingen nach draußen und liefen zur Rückwand des Zeltes, wo kleine Grüppchen kostümierter Mädchen darauf warteten, auf die Bühne gerufen zu werden. In diesem Moment wurde ich auf eine Person auf der anderen Seite des Zeltes aufmerksam: eine schwer behinderte Frau um die dreißig in einem Rollstuhl. Sie war allein und vor ihrem verdrehten Körper war ein Computerbildschirm angebracht.

Ich schlenderte zu ihr hinüber. »Hi, ich bin Tahni und das ist mein Sohn, Josiah.«

Ihr Gesicht erhellte sich, doch ihr Körper verkrampfte sich und sie begann zu zucken, als sie versuchte zu sprechen. O nein. Ich hatte sie aufgeregt und vollkommen überreizt. Ich wollte schon den schnellen Rückzug antreten, als eine mechanische Stimme aus dem Gerät ertönte. »Ich heiße Siabon.«

»Oh.« Ich versuchte meine Überraschung zu verbergen. »Hi, Siabon. Wie ich sehe, ist dein Rollstuhl mit einem Bildschirm ausgestattet. Mein Sohn Josiah ist Autist und benutzt eine spezielle App, um mithilfe seines I-Pads zu kommunizieren. Wie bedienst du dein Display, ohne deine Hände zu benutzen?«

»Mit den Augen«, erklärte die Computerstimme.

»Wow, so was habe ich noch nie gesehen.« Ich räusperte mich. »Und, wie gefällt dir das Volksfest?«

»Ich finde es echt toll hier«, sagte sie. »Ich bin Irin. Du auch?«

Ich bemerkte einen kleinen reflektierenden Punkt auf ihrer Stirn und erkannte, dass es sich wahrscheinlich um einen Sensor handelte, der mit der Tastatur vor ihr verbunden war.

»Ein wenig«, erklärte ich. »Aber Josiah ist wirklich sehr irisch. Sein Nachname ist Cullen.«

Ich blickte von ihrem Gesicht zum Bildschirm, während sie abgehackte Laute von sich gab. Josiah war in dieser Welt noch immer so teilnahmslos, dass ich nicht wusste, ob er unser Gespräch mitverfolgte.

In dieser Nacht verfiel Josiah um halb zwei morgens in einen Schreibrausch.

»Kann das nicht bis morgen warten?«, fragte ich grummelig, als ich mich auf die Couch fallen ließ.

Ich habe dich geweckt, um dir zu sagen, dass du die geheimnisvolle Wahrheit anheuern musst. Die Wahrheit bedeutet, das zu tun, was gesagt wird, sonst ist es nicht wahr. So ist es mit Gott. Die Wahrheit ist nur wahr, wenn sie es auch durchzieht. Gott muss tun, was er versprochen hat, sonst ist er so profan wie dein Sohn, der das Gegenteil tut von dem, was er sagt. Stelle diese Wahrheit auf die Probe. Er sagt:»Ich bin die Wahrheit und die Wahrhaftigkeit.«

Seine Worte trafen einen empfindlichen Punkt. Mich selbst Gott anzuvertrauen war das eine. Ihm zu vertrauen, dass er sich um meinen Sohn kümmern würde, war aber etwas ganz anderes. Der Damm stürzte ein und die Schluchzer strömten aus mir heraus.

Gott, ich verstehe es einfach nicht. Wie kann Josiah mit dir und den Engeln verkehren, ohne komplett geheilt zu werden? Du sagst, du bist die Wahrheit und die Wahrhaftigkeit. Nun, wenn dem so ist, will ich wissen, wann du ihn wirklich heilen wirst.

Josiahs Finger flog über die Tastatur.

Das Geräusch ist dein Sokrates, der versucht, es zu verstehen, indem er sagt:»Tja, wenn ich es nicht sehen kann, hören kann oder greifen kann, passiert es nicht.« Dem ist nicht so. Seine Stimme ist auf dem Weg, also halte durch, Tahni. Seine Stimme ist auf dem Weg.

Dein schweres Schluchzen zeigt, wie sehr es dich zerreißt zu sagen:»Ich kann nicht sehen, dass Jesus das Problem löst. Es sieht im Moment so schlecht aus. Mein Sohn ist so autistisch. Er ist schlimmer dran als je zuvor, wenn es darum geht, sein wahres Selbst durchscheinen zu lassen.« Richtig?

Ich wischte mir die Augen. »Josiah, was soll ich dazu sagen?«
Heilige Tränen sind es jedoch, die du weinst. Heilige Tränen,
um zu sagen, woran du glaubst, muss wahr werden, sonst ist es
nur halb wahr. Erfreue dich nur an mir und ich werde alles erfül-
len, was ich dir versprochen habe. Er bewegt sich aus dem Autismus heraus, Tahni. Ich bin der Erste und der Letzte. Also wird er
sprechen. Wie ein echter Junge. Nicht über eine Maschine wie bei
der Frau, die du getroffen hast. Du stellst dir vor, dass er das vielleicht eines Tages mit seinen Augen tun könnte.

Es ist so schwer sich vorzustellen, sie könnte geheilt werden,
richtig? Ich sehe es in diesem Moment. Du willst, dass sie wieder
gesund ist, richtig? Genau wie ich, Tahni. Genau wie ich.

Eile dich noch heute zu sagen, dass du dies prächtig überall auf
der Welt sehen wirst. Sie ist mit Gebrechlichkeit geschlagen. Also
richte sie auf, um kühn zu sagen: »Sei geheilt, du Strahlende.«
Und zu behaupten, du seist nicht würdig, Freude zu empfinden,
wäre zu behaupten, du seist nicht einmal so viel wert wie ein Sper-
ling. Sage also voller Stolz: »Geh gerade. Richte sie auf.«

Ich will, dass du sagst: »Einschränkungen, weicht von diesem
Körper, im Namen Jesu.«

Tut mir leid, Mom. Der Arbeiter sagt – seine Stimme ist so
durchdringend – du sollst sagen: »Weicht ihr Einschränkungen,
im Namen Jesu.«

Heilig ist das Wort, das mein Jesus an dich richtet, Mom. Ich
bin sicher, dir wird gezeigt werden, wie die Einschränkungen in
der Bibel aufgehoben werden. Stelle die Wahrheit jetzt auf den
Prüfstand.

Atme, sagte ich mir. Offen gesagt, wäre es leichter gewesen,
mich einfach mit der Situation abzufinden. Zumindest müsste ich
dann nicht immer wieder neue Enttäuschungen verkraften. Doch
wie sollte ich andererseits unsere momentane schreckliche Lage
hinnehmen, wenn Gott immer wieder durch unseren Wunderjun-
gen von Wundern sprach?

Heilender Gott, du sagst: »Alle Dinge sind möglich.« Bitte sag mir noch einmal, dass darin auch die Heilung des Autismus und die Heilung einer Frau im Rollstuhl durch deinen Segen inbegriffen sind. Wenn dies meine Prüfung der Wahrheit ist – dass du hältst, was du versprichst, und dich niemals änderst – lieber Gott, dann bitte ich dich, mir zu helfen, daran zu glauben.

26
Kinderkram

»Preiset Gott mit eurem Lachen.«

Josiah Cullen

Sommer 2014

Wie die meisten sportverrückten Väter träumte Joe davon, mit seinem Sohn Wurftechniken zu üben und zu Little-League-Baseballspielen zu gehen.

Josiah konnte diese Dinge nicht tun, aber zumindest konnte er einer Tee-Ball-Mannschaft für Kinder mit Behinderung beitreten, in der eine vereinfachte Form von Baseball und Softball gespielt wurde. Einige spielten in Rollstühlen, andere konnten sich nicht genug konzentrieren oder verfügten nicht über die notwendige Körperbeherrschung, doch davon ließ sich Joe nicht beirren. Ihm machte es einfach einen Riesenspaß, seinen kleinen Jungen anzufeuern.

Joe hatte die ersten neun Jahre seines Lebens in New York verbracht und war dort mit seinem Vater zu den Spielen der *New York Mets* gegangen. Und ratet mal, wer bei Josiahs erstem Spiel gegen die *Minnesota Twins* spielte?

»Los geht's, *Mets*!«, brüllte Joe.

Er und Josiah hatten die gleichen *Mets*-T-Shirts an und sahen aus wie Zwillinge, während ich mein *Twins*-Shirt trug und den

Twins zujubelte. Versteckt in der hinterletzten Reihe, feuerten wir voller Begeisterung verschiedene Mannschaften an. Wann immer Josiah unruhig wurde, ging ich mit ihm eine Runde spazieren. »Was hältst du davon, wenn wir zum Fanshop gehen und dir ein Spielzeug kaufen?«

Obwohl Josiah wusste, dass er die freie Wahl hatte, entschied er sich für einen Luffa-Schwamm, den man in der Dusche aufhängen konnte. An diesem war das Maskottchen der Twins, ein blauer Plüschbär, befestigt. Als wir wieder auf unseren Plätzen saßen, entwickelte ich eine besondere Zuneigung zu diesem blauen Luffa-Bären. Er war unsere Rettung, denn dank ihm blieb Josiah bis zum siebten Inning auf seinem Platz sitzen.

Als Joes Eltern zu Besuch kamen, wollten wir sie in unseren neu entdeckten Zeitvertreib einbeziehen, also luden wir sie ein, Josiah zu seinem zweiten *Twins*-Spiel zu begleiten.

Irgendetwas an diesem speziellen Spiel weckte Josiahs abenteuerlustige Seite. Für autistische Kinder stellt Essen immer ein großes Problem dar. Autistische Kinder tun sich oft schwer damit, neuen Speisen eine Chance zu geben. Als Josiah also schrieb, er würde gerne Popcorn probieren, hockten wir alle gespannt auf unseren Plätzen. Und tatsächlich schaufelte er ein paar Hände voll in sich hinein.

»Und, wie schmeckt es dir, JoJo?«

Er zog uns in eine ruhige Nische und fing an zu tippen.

Nenne leckeres Popcorn das Ende meiner Sorgen, dass die schweren Böen in meinem heißen natürlichen Verlangen meine Freude bedrängen. Das erste Mal, dass ich ein Stück davon in meinen Mund steckte, wurde es hineingerammt.

Das nächste Mal wurde es zögerlich hineingelegt, in der Hoffnung, ich hätte mich mit dem leckeren Geschmack nicht geirrt – wie Ratten, die den Käse in der Falle begutachten. Es war keine Falle! Prächtig aß ich noch ein Stück. Junge, war das gute Arbeit.

Von meiner Einstellung her habe ich mich mit dem Popcorn in

den Wahnsinn getrieben. Jetzt stelle ich den grundlegenden Ansatz im Ganzen infrage.

Du liebe Güte, wie schaffte der Junge es nur, selbst aus Popcorn eine Lektion fürs Leben zu machen? Auf der Fahrt nach Hause waren wir alle dankbar für einen Tag, der mit einem Homerun endete.

An dem Tag, als ich im Bastelbedarfsladen neue abwaschbare Farben kaufen wollte, hatte Josiah andere Pläne. Während ich gerade in die andere Richtung des Gangs blickte, begann Josiah, der im Einkaufswagen saß und ziemlich unschuldig aus der Wäsche guckte, einen Haufen Quetschspielzeug einzuladen.

»Das sind aber schöne Raupen«, sagte ich, als ich ihn dabei erwischte. »Du bist lustig, und weil du außerdem noch süß bist, darfst du dir eine davon aussuchen. Welche willst du?« Ich hielt mein I-Pad hoch und stützte seine Hand.

So viele Würmer werden sich schnell aus meiner Würmersammlung winden müssen. Zufälliger Ausverkauf! Ich bekomme drei.

Ich räusperte mich. »Ähem. Du bekommst einen.«

Das stellt mich auf die Probe. Welche soll ich nehmen? Ich sage, alle Würmer wollen mit mir nach Hause gehen.

»Du darfst einen haben«, wiederholte ich. »Welche Farbe möchtest du?«

Ist es ein Zeichen von harter Arbeit, um zwei zu bekommen?

»Nein, heute Abend gibst du dich mit einem zufrieden. Ich sag dir was. Du darfst dir zwei nehmen, aber dann ist Schluss. Welche Farben willst du?«

Josiah grub mit den Händen in der Kiste herum und sortierte sie nach Farben.

Freude. Hier gibt es so viele echte Quetschwürmer. Ich will orange und gelb. Okay. Es wäre gut, den Rest wie ein entzückender Junge zurückzulegen.

»Da hast du recht«, sagte ich. »Das wäre *wirklich* entzückend.«

Es ist so schwer. Es ist, als würden die Würmer meinen Würmern dazu gratulieren, dass sie hier rauskommen. Es ist, als würden sie jeden Tag herumkriechen, nur um niemals aus dieser Kiste zu kommen. Als Wurm hat man es hier nicht leicht. Die Würmer sagen: »Bitte, nimm uns alle mit.«

»Tut mir leid«, meinte ich. »Es kommen bestimmt noch andere Jungs und Mädchen vorbei, die welche mit nach Hause nehmen. Du darfst zwei haben.«

Josiah legte den Kopf auf die Seite und stieß mit dem Finger aufs I-Pad.

Ich nehme dann wohl den Orangefarbenen und den Gelben. Die anderen Würmer wollen bei mir bleiben, aber das dürfen sie nicht. Eigentlich wird Josiah den Gelben und Grünen retten. Oh, zufälliger Ausverkauf! Ich bekomme drei.

»Nein«, sagte ich. »Du bekommst zwei.«

Ich bin reich. Ich habe das Geld.

»Ach, wirklich? Du hast Geld?«

Du solltest dich mehr anstrengen.

»Das ist schön.« Ich unterdrückte ein Lachen.

Ich werde nun ernüchternden Abschied von meinen Würmern nehmen müssen. Doch selbst nachdem er das geschrieben hatte, versuchte er es noch einmal.

Rette meine Würmer, bitte!

»Du gibst wohl einfach nicht auf, oder?« Ich lächelte ein paar älteren Damen zu. »Jetzt mal im Ernst«, meinte ich, »du bekommst zwei. Du musst dich jetzt mal entscheiden.«

Eine schwere Entscheidung.

Dann versuchte er es mit einer anderen Taktik. Er schrieb im Namen der Würmer. **Rette mich, Tahni. Kriech, kriech. Ich will auch mit euch mitkommen.**

Er schnalzte mit der Zunge und gab ein schrilles Geräusch von sich.

Ich wäre wirklich froh, wenn ich drei hätte.

»Und du wirst froh sein, zwei zu haben. Das ist mein letztes großzügiges Angebot.«

Josiah warf den Raupen einen letzten traurigen Blick zu und schrieb dann seine Abschiedsworte nieder. **Würmer, ihr habt versucht, bei mir zu bleiben, aber Mom sagt Nein. Ich bringe meinen Verlust, euer Vater zu sein, zum Ausdruck. Wie die Ameisen werdet ihr in die Dunkelheit zurückkehren. Es tut mir so leid.**

Ich konnte nicht anders, als laut loszulachen. Mir war schon immer klar gewesen, was für ein Charmeur er sein konnte, aber das war sein erstes Verhandlungsgespräch gewesen.

»Wie gut, dass ich mich nicht so leicht überreden lasse«, sagte ich, während ich dabei zusah, wie er in der Kiste herumfummelte, um sich zwei neue Farben auszusuchen. »Und jetzt komm.« Ich schob ihn zur Kasse, wo ich unsere Einkäufe aufs Band legte und unsere neuen Haustiere bezahlte. »Es ist offiziell, JoJo. Du bist jetzt der stolze Besitzer deines eigenen orangefarbenen und pinken Wurms.«

27
Musik erklingt

»Musik ist mein Lied für das, was ich tat, um die Welt
zu erlösen. Sie kommt von mir, zu mir, durch mich.
Ich bin die Fülle der Musik, also bin ich das Geräusch,
das aus meiner Kirche dringen soll.«

Josiah Cullen

Sommer 2014

»Tahni, dein Sohn stellt meine Welt auf den Kopf.«

Ich griff das Lenkrad mit einer Hand und hielt das Handy mit der anderen. Es überraschte mich, von Mark Bierle zu hören, einem Bekannten, mit dem ich mich während meiner Zeit in der *Eagle-Brook*-Gemeinde öfter über Josiah unterhalten hatte. Mark war davon begeistert gewesen, wie die Technik Josiah eine Stimme verlieh, und hatte infolgedessen beschlossen, I-Pads für die behinderten Kinder der Gemeinde zu spenden. Zwischendurch hatten wir immer mal wieder ein wenig geplaudert, kannten uns aber nur flüchtig. Doch seitdem Mark neuerdings ein Fan von Josiahs Facebook-Seite war, hatte sich das schlagartig geändert.

»Mark«, sagte ich, »wenn du wüsstest.«

Er räusperte sich. »Ich bin sicher, dass du es bestimmt nicht leicht hast, aber du solltest wissen, dass Gott deinen Sohn benutzt hat, um mir eine zweifache Bestätigung zukommen zu lassen. Gott nutzt ihn, um sich uns deutlich mitzuteilen, und meine Ohren sind weit geöffnet.«

Ein paar Tage später erhielt ich ähnlich ermutigende Worte von Scott Sample, einem anderen Bekannten, den ich aus der Kirche kannte. Dieses Mal in Form einer Facebook-Mitteilung. Scott war ein sehr talentierter Künstler und manchmal, wenn ich ihm im Foyer der Kirche begegnete, wo seine riesigen Gemälde hingen, dankte ich ihm dafür, dass er uns an seinem Talent teilhaben ließ.

Ich hatte seine Frau, Stephanie, Jahre zuvor auf einer Kirchenveranstaltung für Frauen kennengelernt. Sie hatte uns erzählt, wie Gott ihnen durch die schwere Zeit nach dem Tod ihres zehn Monate alten Sohnes geholfen hatte, der bei einem Unfall in der Kinderkrippe ums Leben gekommen war. Dann war Stephanie zu meinem Vortrag an den Herbst-Einkehrtagen gekommen. Dort erfuhr sie von Josiah und wurde Fan seiner Facebook-Seite. Ich war hingerissen, als sie mir von der folgenden Unterhaltung mit ihrem Mann erzählte.

»Was meinst du, wer das geschrieben hat?«, fragte sie Scott.

»Keine Ahnung«, erwiderte er. »Brennan Manning, der bekannte christliche Autor?«

»Nein. Josiah Cullen, ein kleiner achtjähriger Junge, der an Autismus leidet.«

Sobald Scott mehr über Josiah erfuhr, folgte er seinen Facebook-Posts, von denen er so begeistert war, dass er mich sogar anschrieb, als er einmal einen nicht mehr finden konnte.

»Äh ... was war denn das Thema?«, fragte ich.

»Ich meine die Botschaft, in der Josiah über das Nachlassen des Glaubens spricht.«

Sofort wusste ich, welche er meinte. Da sie Teil einer langen Liste war, schickte ich ihm einfach das ganze Dokument:

- **Jesus sagt, dass es mit der Spiritualität da unten ziemliche Prob-**

leme gibt und dass der dreifaltige Gott gerne ein paar der Probleme herausgreifen würde.

- Darauf zurückzugreifen, die lieben Sorgen nur als Mitleidsparty zu benutzen, ist ein Problem. Nennt es Freude, wenn ihr euch Prüfungen stellen müsst. Es beweist, dass Glauben funktioniert. Es sind die Prüfungen, die den Glauben positionieren, um zu funktionieren. Es ist problematisch, auf eine Fessel hinzuweisen und nie zu versuchen, diese Fessel zu zerschlagen.
- Plaudert es aus. Es ist dumm, die fast geizige Art der Amerikaner zu versuchen. Es ist Verurteilung, sich nicht um die Mutter oder den Vater eines anderen zu kümmern. Bemüht eure Portemonnaies und unterstützt noch heute einen älteren Menschen. Das ist vielleicht die am meisten vernachlässigte Bevölkerungsschicht in Amerika.
- Sammelt Geld für ältere Menschen und betet mit ihnen. Es ist der Stolz, der sie freudlos dazu verdammt, sich alleine durchzuschlagen. Es ist Stolz, der sie freudlos hinstellt, als wären sie nichts wert und von gestern. Sie sind ein Geschlecht von Fesseln, die zerschlagen wurden, und Fesseln, die geboren wurden. Noch heute müssen Kannen voller Liebe an die Senioren ausgeteilt werden.
- Lachen ist ein Problem. Ist es schwer zu lachen, wirklich zu lachen? Mach nur ein Mal mit dem Schneepflug die Auffahrt frei und ein ganzer Haufen Leute hat den ganzen Tag lang schlechte Laune. Du wirst es überleben. Schätze dich glücklich, ein Haus zu besitzen. Leute, es ist Zeit zu lachen! Die Läden mühen sich, Menschen anzulächeln. Es ist seltsam, dass meine Leute nicht stehen bleiben, jemandem in die Augen sehen und lachen, während sie ein Kompliment zu einem schönen Hemd oder Schal machen. Es ist herrlich, auf eine gute Eigenschaft von jemandem hinzuweisen. Meine Leute, tut das oft. Es macht fröhlich und lässt Sorgen verschwinden. Es ist nett, das zu tun, Leute!

- Schreibt es auf! Geschichten von gänsehauterzeugenden Wundern müssen viel öfter erzählt werden. Wie wäre es, wenn ich anfange, Kinder zu heilen, die kleine Kostproben bekommen, um die Dinge zurechtzurücken, und schlecht hören und kaum reden, und ihr fangt an, darüber zu reden und mich ganz natürlich zu preisen?
- Es ist, als wäre es die Mission dieses Jungen, die Welt aufzumischen. Es ist der stolze Papa Gott, der alles ausrichtet, immer wieder stumme Münder dazu anstößt zu reden, sie wahrhaft auffordert zu sprechen und sie werden sprechen!
- Begegnet einander mit »reinkniender Liebe«. Kniet euch richtig rein! Zieht die Hockeyschläger aus dem Rücken und umarmt einander! Leute, das ist nicht so schwer. Selbst Dummköpfe sind besser im Umarmen als meine Leute. Trickbetrüger umarmen besser als meine Leute.
- Lasst Musik zu mir hochschallen, die eine positive Antwort auf meine Frage ist: »Liebt ihr mich wirklich?« Weidet meine Schafe. Es sind nur Sänger, nicht Anbeter, die intelligente Wörter stottern, aber leben, als würden sie sich nicht darum scheren, mich stolz, stolz zu preisen.
- Es ist scheußlich, sich durch Moll zu ackern und Dur jedes Mal zu übergehen. Ansammlungen von unentschlossenen Entscheidungen, wie man singen soll, verfehlen den Zweck. Wie wäre es, einfach die Frage zu beantworten: »Liebt ihr mich?« Macht euch keine Sorgen darum, ob die Melodie ins Ohr geht. Sorgt euch nur darum, ob sie mit Inbrunst und Aufrichtigkeit gesungen ist. Sie klingt mir wie ein Gong in den Ohren, wenn sie raffiniert ist, aber ohne Freude oder nicht das Gefühl von Gottes Atem auf euch aufkommen lässt. Schreibt es euch auf, ihr Musiker, und ich werde euch Gehör schenken, um eure Gemeinde zu hegen.

Genau die meinte ich, schrieb Scott zurück. *Vielen Dank!*

Ich verlor kein Wort über unseren Austausch. Ich erwähnte

nicht einmal Scotts Namen, doch Josiah wusste davon. Nicht nur das, er hatte sogar eine persönliche Botschaft für Scott.

Der Poet sagt, das G so bestimmt ist, dass geistlich gesehen die Lobpreisung eigentlich auf G enden will. **Der König betrachtet es nicht als den freudvollsten Einsatz von Musikern, G anzustimmen, denn es ist eine einsam klingende Note. Es ist schon lange überfällig, uns mit vielen neuen kleinen Gläsern Bier zu versorgen, um ungewöhnliche Musik zu machen. Kleine, klassische Liebeslieder finde ich entzückend. Ich erwähle nun den treuen, reifen, reizenden Mann, Scott Sample, um einen treuen, reizenden Mann aus dem Osten zu engagieren, um zum größten Teil auf höchst originelle Weise mit ABCDEF, aber nicht G, zu lobpreisen.**

Scott schrieb tief beeindruckt zurück. *Der Bezug auf G ist eine stichhaltige Metapher, die ich immer wieder anbringe. Dabei geht es im Wesentlichen darum, mit G anzufangen und mit G aufzuhören. Das können Josiah und du nur vom Vater persönlich erfahren haben. Das ist wirklich verrückt.*

Josiahs Worte hatten bei Scott einen so großen Eindruck hinterlassen, dass er mich bat, ihm auch noch ältere Botschaften über die Verehrung Gottes zukommen zu lassen, was ich gerne tat.

Die Verehrung Gottes bringt deinen Armreifen bei zu klingen, als würdest du mit einem Klimpern laufen. Freude zum Ausdruck zu bringen, ist, ein ganzes Leben in meinem Sohn zum Ausdruck zu bringen. Große Bedenken wegen Gelächter in der Kirche finde ich komisch. Ich bin nicht ungehalten über Gelächter – niemals. Es ist die Musik des Lachens, die meine würdige Liebe inspiriert, den gewaltigen, würdigen Regen meiner sandigen Strände inspiriert.

Spaß zu haben, ist, meine Poesie arbeiten zu sehen, um Wahrheit in eurem Hinhören bereitzuhalten.

Der Liebe auf diese Weise entgegenzurennen, verdirbt die Musik meines kleinlichen, kleinlichen Widersachers. Würde Satan lachen? Nur um seine schreckliche Angst vor der Macht zu verbergen, die sich in meinen Schülern der garantierten Liebe regt.

Bewegt den Spaß, um eure Küsse zu eilen, nicht nur spannende Geschichten zu sein, sondern Geschichten – viele Geschichten – davon, wie das Fördern der Negativität in ein offenes Ohr umgewandelt wurde.

Kräftiges, greifbares Lachen liebt es, von der Sprache des Märtyrers zur Sprache des Siegers zu werden.

Scott antwortete: *Wow, wow, wow. Sagen wir einfach, es war das erste Mal, dass ich in einer Autowerkstatt Tränen in den Augen hatte. Was bei mir wirklich ins Schwarze getroffen hat, war der Aspekt, dass »Lachen« in unserem Glauben schon viel zu lange vernachlässigt wird. Das liegt mir schon seit langer Zeit auf dem Herzen und Josiah hat eine Gabe dafür, die Wahrheit auf den Punkt zu bringen. Wieder einmal ist Gottes Timing überwältigend.*

Dann erfuhr ich, dass sich Mark und Scott zufällig über den Weg gelaufen waren, wobei sie feststellten, dass sie mich beide wegen Josiah angeschrieben hatten – und zwar ziemlich genau zur selben Zeit. Ihr gemeinsames Interesse an meinem Sohn brachte sie dazu, einen Freund zu kontaktieren, der zufälligerweise ein Grammy-gekrönter Musiker war.

Ich hätte nie geglaubt, dass ich eines Tages im *Lobster Smack Shack* an einem Tisch mit Scott, Mark und ihrem Freund sitzen würde. Doch hier saßen wir. Der berühmte Musikproduzent, Sänger und Songwriter aus Nashville sah mich mit ehrlichen Augen an, als er mir erklärte, wie sehr Josiah ihn »umgehauen« hätte.

Ich stellte mein Wasserglas ab und strahlte. »Es ist eine solche Ehre, dich kennenzulernen.«

»Gleichfalls«, sagte er. »Diese Jungs haben mir 'ne Menge erstaunlicher Dinge über Josiah erzählt.«

Scott nickte. »Gott benutzt diesen Jungen auf tief greifende Weise und ich bin von seiner Botschaft über die Musik begeistert. Wie du weißt, spüre ich schon seit Längerem, dass Gott für den Gottesdienst und die Kunst etwas Neues und komplett anderes im

Sinn hat. Musiker verbringen viel Zeit damit, dem hinterherzujagen, was die Gesellschaft vorgibt. Es muss einen anderen Weg geben. Wäre es nicht großartig, wenn wir Musik, Kunst und Gottesdienste gestalten könnten, die neu und einzigartig sind? Gottesdienste, die direkt unserer Leidenschaft für Gott entspringen?«

»Das ist genau das, was Josiah auch sagt«, meinte ich. »Ihm zufolge will Gott, dass die Musik die Welt dazu aufrüttelt zu fragen: ›Was ist das für ein Geräusch?‹ Ein bisschen wie bei der Musikrevolution der 1950er-Jahre, als ganz neue Töne angeschlagen wurden. Sie spiegelte die kreativen Vorstellungen einer ganzen Kultur wider.«

Noch während ich die Worte aussprach, spürte ich das Verlangen, ein solches Geräusch zum Vater zurückzusenden. Ein Geräusch, das sich in »das heilige Beben« der Engel, wie Josiah es nannte, einfügen würde.

»Wäre es nicht wundervoll«, meinte Scott, »wenn Redner, Musiker, Künstler, Tänzer, und Filmemacher an einem nicht kirchlichen Ort zusammenkämen, um Gott auf eine Weise zu verehren, die seine Frage ›Liebt ihr mich?‹ eindeutig beantworten würde?«

Wir alle nickten zustimmend und Scott fuhr fort: »Ich habe gerade ein Buch von C. S. Lewis entdeckt mit dem Titel *Du fragst mich, wie ich bete: Briefe an Malcolm.* Es ist unglaublich, aber als ich es durchblätterte, stieß ich auf eine Seite, wo Lewis über die Verehrung Gottes spricht. Ihm zufolge ist der Gedanke an die Verehrung etwas anderes als der Akt der Verehrung selbst. Hört euch das an.« Er rief die Seite auf seinem I-Pad auf. »Ich wünschte, sie würden sich daran erinnern, dass der Auftrag an Petrus lautete: ›Wenn ihr mich liebt, dann weidet meine Schafe.‹« Scott hielt inne. »Diese Zeile war eine überzeugende Bestätigung der Botschaft, die Josiah vom Herrn erhalten hat. Ich sage euch, das hat mich komplett umdenken lassen.«

Ich sog den Duft von frisch gebackenem Brot und Meeresfrüchten ein und atmete wieder aus. Auch wenn ich über keinerlei musikalisches Talent verfügte, war mir klar, dass der Klang des Heiligen Geistes uns vier zusammengeführt hatte. Und wieder einmal nutzte der Vater meinen Sohn, um uns seinen Segen zukommen zu lassen. »Josiah bringt mir ständig neue Sachen bei«, erzählte ich. »Er erklärte mir, wie Jesus während seiner Zeit auf dieser Erde alle gängigen sozialen Konventionen gebrochen hatte. Ich habe eine Rede mit dem Titel *Maria von Bethanien* geschrieben. Es ist ein interessantes Thema, denn Maria, die Schwester von Martha und Lazarus, taucht in der Bibel gleich mehrere Male auf. Wir sehen ihre furchtlose Hingabe. Sie saß in einer Zeit zu Jesus' Füßen, als dieses Recht den Schülern der Rabbis vorbehalten war. Frauen schon mal gar nicht – sie hätten so was niemals gewagt. Von den Männern wurde erwartet, mindestens zwei Meter Abstand zu Frauen zu halten, aber Maria verzehrte sich danach, von Jesus zu lernen, genauso wie sie sich sehnlichst wünschte, ihn zu segnen und zu salben. Gott zeigte mir, dass Maria nicht einfach einen ›Akt der Verehrung‹ vollziehen wollte, sie wollte voller Verehrung für ihn *sein*. Sie verehrte ihn im Geist und in der Wahrheit. Wenn ihr möchtet, kann ich euch die komplette Rede schicken. Es ist seltsam, denn als ich die Rede schrieb, erzählte ich Josiah nicht, wie schwer es mir fiel, ein gutes Schlusswort zu finden. Das musste ich auch nicht, denn er sagte: ›Gott will dir das Ende für deine Maria-Rede schenken.‹ Und das tat er auch.«

Die Männer schüttelten erstaunt die Köpfe. Dann ergriff Scott wieder das Wort. »Ich kann nur sagen, dass Steph und ich zutiefst von der persönlichen Botschaft beeindruckt sind, die Josiah für uns geschrieben hat. Sie ist fast wie ein Psalm verfasst. Ich habe mir die Zeit genommen, sie in ein künstlerisches Schaubild umzusetzen, damit ich sie mir immer wieder ansehen kann. Sie hat mich sogar dazu inspiriert, ein Buch zu schreiben. Sie hat mich ermutigt, noch mehr auf Gottes Stimme zu hören, und ich habe erkannt, dass ich nicht verrückt bin. Gott will mir tatsächlich mitteilen, was ihm auf dem Herzen liegt.«

Als ich nach Hause kam, hatte ich mir ihre Worte gut durch den Kopf gehen lassen. Mein autistischer Sohn teilte ständig Wahrheiten aus, die Menschen verschiedenster Herkunft das Leben aus einem anderen Blickwinkel betrachten ließen. Weder hatte ich so etwas gewollt noch dafür gebetet, doch mein Horizont wurde dabei genauso erweitert wie der aller anderen.

Ich war auch sehr viel offener geworden, was meinen Musikgeschmack betraf. In meinen Augen waren die alten Hymnen immer vollkommen überholt gewesen, doch mittlerweile betrachtete ich sie als machtvolle Aussagen, die den Heiligen Geist einer ganzen Kultur näherbringen konnten. Davon abgesehen, genoss ich es, meine Fühler zur frischen Quelle der Verehrung auszustrecken, die aus Gottes Herzen sprudelte und mich näher an ihn heranlockte.

Josiahs Worte hatten Marks und Scotts Verständnis von Anbetung vollkommen verändert, aber auch mein Blickwinkel war ein anderer geworden. Wann immer ich jetzt Lobpreislieder und preisende Worte aus meinem Inneren befreite, fühlte ich mich selbst befreit. Anstatt die Lieder einem weit entfernten Gott entgegenzuwerfen, sang ich sie nun so, als würde Jesus direkt vor mir stehen. Als wären wir ganz alleine im Raum. Mein Haus wurde zu seinem Thronsaal und in seiner Gegenwart kniete ich nieder, tanzte und weinte.

Vater, wir kommen uns immer näher. Ich kann es spüren.

Vollkommen hingerissen lauschte ich den himmlischen Klängen, die in meinem Kopf herumschwirrten. Ich konnte nur erahnen, welche Melodien der Schöpfer der Musik noch für mich bereithielt.

28
Alles dreht sich um die Liebe

»Jesus ist in dir verankert und viele Engel befehlen
deinen Toren, sich für alle um dich herum zu öffnen,
um zu denen zu gehen, die Liebe nötig haben.«

Josiah Cullen

Herbst 2014

Ich stand im neuen Laden meiner Mutter und fummelte an den
Kreuzketten herum, die in einem der vorderen Regale ausgestellt
waren. Ich konnte kaum glauben, dass ich wirklich nach Washington State geflogen war und nun im prophezeiten Friedens-Café
stand.

Mit der finanziellen Unterstützung meiner Tante und meiner
Cousine hatte sich meine Mutter ein Ladenlokal am nördlichen
Ende der Main Street leisten können. Am 25. Mai wurde das Friedens-Café offiziell eröffnet. Meine Mutter verkaufte dort christliche
Geschenkartikel wie Schmuck, Kunstgegenstände, Schilder, Deko-artikel aus Holz und kleine Tafeln mit Josiahs Zitaten. Hinten in
der Gastro-Ecke konnten ihre Kunden Suppe, selbst gebackene
Brötchen, Zimtplätzchen und natürlich Kaffee mit allem Schnick-schnack kaufen. Im Grunde hatte sich meine Mutter mit ihrem
Angebot komplett an Josiahs Vorgaben gehalten.

Ich konnte es immer noch kaum fassen, dass meine fast siebzigjährige Mutter aus dem Ruhestand gekommen war, um sich in diese gewaltige »Apfel-Mutprobe« zu stürzen. Puppen aus Stoffresten zu machen, war schon eine Leistung, einen Laden aus dem Nichts zu erschaffen, war noch mal eine Nummer größer. Vor allem, wenn es so viel mehr als nur ein Laden war. Es war ein Dienst für Gott auf dem Marktplatz. Ein Opfer.

Eine Woche vor der geplanten Eröffnung erlitt meine Tante einen schweren Schlaganfall, der ihre linke Körperhälfte schwächte. Meine Mutter marschierte mit ihren Freunden betend ins Pflegeheim, wo sie verkündeten: »Du wirst leben und nicht sterben. Du wirst eines Tages durch die Türen des Friedens-Cafés schreiten.«

Sie behielten recht. Es kam mir wie ein Traum vor, in diesem Laden zu stehen und eben dieser Tante zuzusehen, wie sie mit den Kunden meiner Mutter scherzte.

Der Kaffeegeruch der Espressomaschine lockte mich auf die andere Seite des Raums. Ich blickte auf das *Tag-der-offenen-Tür*-Schild, das am Eingang hing, und atmete den appetitlichen Duft der köchelnden Suppen ein.

Doch inmitten des regen Treibens überkam mich plötzlich ein mulmiges Gefühl. Wie sollte meine Mutter das alles stemmen? Offensichtlich hatte sie sehr viel mehr Gottvertrauen als ich.

Die Band einer örtlichen Kirchengemeinde baute gerade Gitarren, Schlagzeug und Keyboard für einen Auftritt auf. In nur wenigen Stunden würde ich dort stehen, um öffentlich über Gott zu sprechen, den guten Gabengeber. Ich lachte, als mir klar wurde, dass ich sagen konnte, was ich wollte, da die Ladenbesitzerin mich nie rausschmeißen würde. Aber im Ernst, ich hatte eine Geschichte zu erzählen. Die Geschichte eines Wunders. Und ich konnte mir keinen besseren Ort dafür vorstellen als genau hier, mitten im prophezeiten Friedens-Café.

Immer mehr Gäste kamen herein und ich drängelte mich vom hinteren Bereich nach vorne zu den Geschenkartikeln. Genau in diesem Augenblick schaute eine Frau mittleren Alters zu mir herüber und ich lächelte sie freundlich an. »Willkommen zu unserem Tag der offenen Tür. Waren Sie schon mal im Friedens-Café?«

»Nein. Das ist das erste Mal.« Sie fuhr sich mit der Hand durchs Haar. »Ich bin schon öfter dran vorbeigelaufen, aber jetzt wollte ich es mir endlich mal ansehen.«

»Tja, schön, dass Sie da sind. Hey, ich find Ihren Gehstock toll. Er erinnert mich an den Weidenstock, den mein Großvater immer benutzt hat.«

»Er hält mich aufrecht.« Sie ließ sich auf einen Stuhl an einem der Tische nieder. »Ich habe gerade meine zweite Knie-OP hinter mir.«

»Oh, das klingt ja gar nicht spaßig.«

»Nein, ein Unglück folgt dem nächsten. Vor Kurzem wurde auch noch meine Wohnung überflutet. Wer weiß, was als Nächstes passiert.«

»O nein. Das mit Ihrer Wohnung tut mir leid. Können wir Ihnen irgendwie helfen? Möchten Sie sich vielleicht den Staubsauger aus dem Laden ausleihen oder so?«

»Nein, danke. Die Handwerker sind schon dran.« Sie rieb sich die Schläfen. »Das Schlimmste habe ich noch gar nicht erzählt. Mein Ehemann, der gerade mal zweiundfünfzig Jahre alt ist, hat vor nicht allzu langer Zeit aufgrund eines Hirnaneurysmas eine Hirnblutung erlitten, sodass ich ihn in ein Pflegeheim geben musste. Jetzt wollen meine Stiefkinder so gut wie nichts mehr mit mir zu tun haben.«

In mir regte sich Gottes Mitgefühl. »Tut mir leid, das zu hören. Sie müssen wirklich eine Menge durchmachen.«

»Oh, Sie haben ja keine Ahnung.«

»Stimmt, das habe ich nicht. Ich bin übrigens Tahni. Wie heißen Sie?«

»Elaine.«

»Elaine, macht es Ihnen was aus, wenn ich für Sie bete?«

Sie zuckte zurück. »Hören Sie, ich respektiere Ihren Glauben und alles, aber nein danke.«

»Schon in Ordnung. Ich verstehe.«

Sie ging zum Tresen und kaufte sich eine sämige Muschelsuppe und ein Sandwich. Als sie wieder Platz genommen hatte, hörte ich mir ihren Kummer an, bis sie nichts mehr zu sagen hatte. »Ich werde für Sie nicht im herkömmlichen Sinne beten«, erklärte ich. »Aber Sie sollten wissen, dass bessere Zeiten auf Sie zukommen. Und wissen Sie was? Ihr Schmerz und Ihre Tränen lassen den Gott, der Sie erschaffen hat, nicht kalt. Sie sind eine wundervolle Person. Mein Sohn ist hochgradig autistisch, also weiß ich auch ein wenig darüber, was es heißt, Schmerz zu erleiden – und dennoch habe ich Hoffnung gefunden.«

Die verhärmten Züge in ihrem Gesicht wurden weicher. »Ich bin mit der Kirche groß geworden«, sagte sie. »Aber nach all den schrecklichen Dingen, die mir passiert sind, bin ich zur Atheistin oder Agnostikerin geworden, wie auch immer Sie es nennen wollen.« Sie wurde still und beugte sich dann vor. »Wissen Sie was? Wenn ich an einen Gott glauben würde, würde ich meinen, ich sähe ihn jetzt vor mir. Ich sehe ihn in Ihren Augen.«

»Oh, dafür danke ich Ihnen sehr.« Ich umarmte sie.

Als ich ins Haus meiner Mutter zurückkehrte, ließ ich mich erschöpft, aber zufrieden auf mein Bett fallen. Fünfundvierzig Leute waren vorbeigekommen, um meinem kleinen Rednerauftritt beizuwohnen. Mit so vielen Zuhörern hatte ich nicht gerechnet und manche von ihnen hatten Tränen in den Augen gehabt. Ich hatte gehofft, dass auch Elaine bleiben würde, doch zumindest war es mir möglich gewesen, mich eine ganze Stunde lang um sie zu kümmern.

In dem Moment fiel mir die verschlossene Karte in meiner Handtasche ein, die mir eine von Moms Angestellten zugesteckt hatte.

Ich öffnete den Umschlag und zog eine farbenfrohe Postkarte des Friedens-Cafés heraus, die mit Elaines ordentlicher Handschrift unterzeichnet war. Sie musste die Angestellte wohl gebeten haben, mir die Karte zukommen zu lassen. Ihre Nachricht ließ mein Herz höher schlagen.

Sie wissen es nicht – ich hatte heute Selbstmordgedanken, doch Sie haben sich viel Zeit genommen, um mit mir zu reden. Ich habe daraufhin gewagt, einen Funken Hoffnung in mir aufkommen zu lassen, und nun, wo ich mehrere Stunden später den Laden verlasse, wage ich es zu leben, zu lächeln und ich selbst zu sein.

Ich danke Ihnen,
Elaine R.

Mir stiegen Tränen in die Augen. *Okay Gott. Jetzt bin ich offiziell am Ende. Du hast mir den letzten Rest gegeben. Es erstaunt mich, wie du überhaupt mit so kaputten Menschen wie mir arbeiten kannst. Was soll ich sagen? Ich danke dir für deine Fürsorge, mit der du die Hand ausgestreckt hast, um ein Leben zu retten.*

Als ich vier Tage später nach Hause kam, war klar, dass Josiah von einer Apfel-Mutprobe angetrieben wurde.

Verteile Hamburger an Obdachlose, ja?
Es ist nicht schwer und auch nicht teuer.
Für die meisten ist es nur ein Tropfen auf den heißen Stein.
Du schätzt das Essen selbst und das würden sie auch tun.
Verstecke ihre Glückseligkeit in einem Segen, wenn du sagst:
»Jesus sieht euch und er hat mich geschickt.
Schwarz und weiß, rot und gelb, er schickt mich zu euch.
Tausche die größte Traurigkeit gegen die Hoffnung seiner heiligen Welt ein.
Stellt euch dem Tag, euch ihm zu präsentieren, ihn um Hilfe zu bitten.
Er wird von eurem Schmerz auf die Probe gestellt.

Ihm tut euer Kummer leid.«
Mach es einfach so: Gebe dem zu essen, dem du begegnest.
Sag ihnen: »Jesus sieht dich«, das reicht.
Er ist ein phänomenaler Erlöser.
Heilig ist der Stall, der Fünferscheine sammelt, um sie ihnen zu geben.
Also mache das mit vielen, um ihnen zu helfen, wieder mit Hoffnung zu leben.
Um sagen zu können, du hast sie dazu gebracht, Liebe zu sehen.
Reich ihnen einen Hamburger und einen Fünfer.

Am nächsten Tag ging ich zu McDonald's, kaufte acht Hamburger und wechselte Zwanzig-Dollar-Scheine in Fünf-Dollar-Noten um. Dann verteilte ich das Geld auf die Tüten.

Okay, Herr. Lass uns losziehen und ein Segen sein.

Ich fuhr zu einer Stelle, an der normalerweise immer Leute mit Schildern standen, aber heute war keiner da.

O nein. Wo sind die Schilder, Herr?

Während ich versuchte, gegen meine Enttäuschung anzukämpfen, fuhr ich durch eine mir unbekannte Gegend, wo eine Frau an einer Ecke ein Reklameschild für *Little Caesar's* Pizza hochhielt. Das war eigentlich nicht die Art Schild, an die ich gedacht hatte.

Sehr witzig, Gott.

Als ich mir die Frau näher anschaute, bemerkte ich ihre abgewetzte Jacke, die schäbige Mütze und die dreckige Tasche, die sie an einem Laternenpfahl abgestellt hatte. Wie hatte sie überhaupt das Einstellungsgespräch bestanden? Hatten die Restaurantleiter sie nur aus Mitgefühl eingestellt? Vielleicht wollten sie einer Obdachlosen helfen, sich ein bisschen was dazuzuverdienen.

Während ich die Sache mit Gott diskutierte, fuhr ich noch mal um den Block. *Wo gibt's denn so was, dass ein Little Caesar's Angestellter mit McDonald's Hamburger versorgt wird? So was macht man einfach nicht. Was, wenn sie deswegen Ärger von ihrem Chef bekommt und ich am Ende alles nur noch schlimmer mache?*

Schließlich hielt ich neben ihr an und kurbelte das Fenster herunter.

»Hi. Das klingt jetzt vielleicht komisch, aber ... haben Sie Hunger? Denn falls ja, hätte ich ein paar Burger dabei, die ich Ihnen geben könnte.«

»Echt jetzt?«, fragte sie. »Ich nehme sehr gerne einen. Vielen, vielen Dank!«

»Hier, bitte sehr, Schätzchen.« Ich reichte ihr die Tüte mit den Worten, die Josiah mir aufgetragen hatte. »Ich möchte Ihnen nur noch sagen, dass Gott Sie sieht. Ich wünsche Ihnen einen gesegneten Tag.«

Von Freude ergriffen fuhr ich davon. *Wir haben's geschafft, Herr. In deiner Macht hast du einen kleinen Burger benutzt, um große Hoffnung zu vermitteln.*

Voller Elan fuhr ich zu einem anderen Platz, an dem sich die Obdachlosen gern versammelten, und traf wieder auf dasselbe Problem. Wo waren die Leute alle hin? Mir knurrte der Magen und ich war müde. Der Gottesdienst, herumzufahren und nach hungrigen Menschen zu suchen, war ganz schön anstrengend. *Vielleicht sollte ich einfach nach Hause fahren*, dachte ich bei mir. *Ich gebe Joe und Josiah die restlichen Burger und mach Schluss für heute.*

Doch gerade als ich die Auffahrt hochfahren wollte, sah ich einen Typ, der auf der anderen Seite des Highway ein Schild hochhielt. Eine waschechte Person in Not. Volltreffer! Doch um zu ihm zu gelangen, müsste ich einmal herumfahren, genau im richtigen Moment die Auffahrt nehmen, damit die Ampel rot war und ich außerdem noch nah genug an ihm halten konnte. Sonst würde die Ampel vielleicht auf Grün umspringen und ich würde weiterfahren müssen.

Okay Vater. Wenn du willst, dass es passiert, musst du dich drum kümmern, dass alles passt.

Ich fuhr einmal rum, und Bäm – die Ampel schaltete genau im richtigen Moment auf Rot. Mit nur zwei Wagen vor mir kam ich zum Stehen. *Danke, Herr.* Ich rollte mein Fenster runter und winkte den Mann zu mir rüber. »Wollen Sie ein paar Burger?«, rief ich ihm zu.

Unter seiner abgetragenen Veteranenmütze verzog sich sein Gesicht zu einem Lächeln. »Vielen Dank, Ma'am. Gott segne Sie.« »Das tut er bereits«, erwiderte ich und reichte ihm die Tüte. »Er sieht Sie und Sie liegen ihm am Herzen.«

Ich spürte, wie mich seine durchdringenden Augen verfolgten, als ich davonfuhr. Dann meldeten sich erste Zweifel. Was, wenn er sich mit dem Geld Alkohol oder Drogen kaufte?

Hör auf, sagte ich mir. *Sei nicht albern. Gott hat die Kontrolle, nicht du. Du musst einfach nur die Menschen lieben und den Rest Gott überlassen.*

Doch mit dem Vertrauen war es eine komische Sache. In der Theorie klang es sehr viel leichter, als es in der Praxis tatsächlich war. Jedes Mal, wenn ich mich ein Stück vorwagte, hatte ich Angst vor Ablehnung und Misserfolg. Doch diese Vertrauensprüfung war nichts gegen Gottes Aufforderung, meinen Sohn auf seinen Altar zu legen.

Leider sagte mir etwas, dass ich dazu noch nicht wirklich bereit war.

29
Eine harte Nuss

»Sag ihnen, dass der Vater nett ist. Papa prahlt in dir,
weil du bereit warst, dir von ihm helfen zu lassen –
aus keinem anderen Grund.«

Josiah Cullen

September 2014
Bei der Generalversammlung der Baptistengemeinde von Minnesota im Trout Lake Camp hielt ich vor vierhundert Frauen eine Rede. Ich hoffte, dass sie durch das Thema »Neuanfang« einen lebensverändernden Impuls bekommen würden. Mussten wir uns nicht alle täglich neuen Herausforderungen stellen und konnten wir nicht alle ein wenig Ausbesserung und Erneuerung in unserem Leben gebrauchen?

Gottes Versprechen sprangen mir in letzter Zeit immer mehr ins Auge, besonders sein Versprechen, sich in jeder Lebenslage um uns zu kümmern.

Nachdem ich die Rede beendet hatte, eilten die Frauen auf mich zu, um mir von ihren eigenen Schicksalsschlägen zu berichten oder mir zu sagen, wie meine Worte sie berührt hatten. Sah es dem Herrn nicht wieder mal ähnlich, gleichzeitig so viele Menschen auf so intime und persönliche Art anzusprechen?

Josiah war diese Art persönliche Zweisamkeit mit dem Herrn

gewohnt. Seine Beziehung zu Gott gab mir immer wieder Rätsel auf und entfachte mein Verlangen nach mehr.

Manchmal zog ich mich in mein Zimmer zurück und ließ mir Josiahs Worte durch den Kopf gehen, nachdem ich mein Herz bei meiner Familie oder anderen Menschen ausgeschüttet hatte. Josiahs Worte zeugten nicht nur von seinem tiefgründigen Verständnis von Gottes Güte und Gunst, sondern erinnerten mich auch daran, dass der Vater selbst in den schwersten Zeiten bei Josiah einen Reifeprozess auslösen konnte. Gott brachte Josiah in seiner Entwicklung viel weiter, als wir es selbst durch unsere größten Bemühungen und Fähigkeiten bewerkstelligen konnten.

Ich interagiere mit meinem riesigen Papa in Form von kleinen persönlichen Gesprächen über meine Entwicklung zu einem Mann von wagemutiger, mächtiger Zukunft. Er sagt mir Dinge, die ich wissen soll, aber ich bin einfach froh, mich lang an seiner lieben, sicheren Brust zu nähren. Ich empfange so viel Liebe in seinen so gütigen Armen.

Jesus stimmt für mich. Er versteht mich. Er bemerkt die Bereiche, in denen ich mich am schwersten tue, denn er kennt sie. Ich verberge nichts vor ihm, denn es ist schön, ihm unser Vertrauen zu schenken.

Am 4. Oktober 2014 wurde mein Baby neun Jahre alt. Ich hatte seinem Geburtstag jedes Jahr mit Grauen entgegengesehen, wegen all der Hoffnungen, die sich nicht erfüllten. Während wir uns nach sichtbaren Fortschritten verzehrten, hielten uns seine Geburtstage klar und deutlich und ständig vor Augen, dass die Kluft zur Normalität immer größer wurde – obwohl wir es uns doch so sehr wünschten.

Selbst seine Geschenke zu kaufen, war deprimierend für mich. Bei Toys "R" Us musste ich an den Regalen mit ausgeklügelten Lego-Sets und Superheldenfiguren vorbeigehen und meinen Einkaufswagen in die Kleinkinderabteilung schieben, wo ich dann

Spielzeug mit Geräuschtasten ausprobierte, während ich am liebsten in lautes Protestgeheul ausgebrochen wäre.

Doch dieser Geburtstag schien anders zu sein. Ich spürte mehr Freude und weniger Angst. Gottes Gegenwart war nun fast greifbar und er hatte mir gezeigt, dass ich mit seiner Hilfe mehr aushalten konnte, als ich dachte. Immerhin half er mir dabei, mit Josiah zurechtzukommen.

Um seinen Geburtstag zu feiern, gingen Joe und ich mit Josiah in sein erstes Indoor-Konzert: *Disney Live!* im Target Center. Ich legte meinen Arm um seine Schulter. »Hey, schau mal. Da sind ja auch Belle und das Biest.«

In der Pause holte ich das I-Pad hervor. »Wie gefällt dir die Musik?«

Musik ist Vergnügen, das man spürt.

Ich lachte. »Da hast du recht. Das ist sie.«

Scott Sample machte unserer Familie ein Geschenk, ein eindrucksvolles Gemälde von einem Engel, der in Licht und Farbe erstrahlte. Wir stellten das Wesen der Herrlichkeit nah bei der Couch auf, dem perfekten Ort, da wir uns dort so oft aufhielten.

Josiah bemerkte das Gemälde und fing an zu tippen.

Zeige mir Kunst und ich zeige dir eine Muse. Zeige mir Ideen und ich zeige dir eine Muse. Zeige mir einen wagemutigen, weitreichenden Plan und ich zeige dir eine Muse.

Wünsch dir, dass schnelle Engel dir heute helfen, Dinge zu erledigen, denn es ist toll, sie an seiner Seite zu haben.

»Unglaublich, fantastisch, großartig«, meinte ich. »Ich bin froh, dass sie für uns da sind. Hey, JoJo. Ich habe darüber nachgedacht, was du über Engel in der Ausbildung erzählt hast. Was genau meintest du damit? Ich kann mir vorstellen, dass Menschen wie wir in die Ausbildung gehen – aber Engel? Wie funktioniert das?«

Engel werden beurteilt. Wie? Aufgrund ihrer Strapazen? Ihrer

Bausteine? Ihrer Eile? Sie werden aufgrund ihrer Fähigkeit, uns zu dienen, beurteilt.

Fähigkeit ist besser als laute Herrschaft. Du dachtest, Anführer werden gemäß Rangliste verehrt. Im Himmel werden sie gemäß ihrer Fähigkeit, ihre Bestimmung aufleuchten zu lassen, verehrt. So soll es im Leben sein.

Du kommst in die Ausbildung, wenn ein großer mächtiger Engel bemerkt, dass du zögerst, zu deinem riesigen Menschen vorzudringen und mit ihm zu scherzen, oder ihm nicht genug Anstoß gibst oder nicht so zu ihnen sprichst, dass sie ihre Fähigkeiten entwickeln. Es ist großartig, das zu wissen. Es ist Fähigkeit, nicht Rang, was einem Engel im Himmel zu Ehre verhilft.

Herr, hilf mir dabei, für dich zu erstrahlen. Mit zusammengekniffenen Augen betrachtete ich das Gemälde und ließ die Farben in meinem Sichtfeld verschwimmen. Als ich darüber nachdachte, wie wichtig es war, meiner Bestimmung zu folgen, tippte Josiah mit spitzem Finger ein Gebet.

Vater, gestalte meine Arbeit so, dass sie in der Geschichte laut besungen wird. Rege sie an, o großer Gott. Bewege mich dazu, sie abzustauben, sie zu nutzen. Ich halte die Ohren offen nach deiner Geschichte, über mich zu singen. Finde eine Lösung für jedes fehlende Glied.

Aufgeregt hastete ich eines kalten Novemberabends den Flur der Schule hinunter, meinem ersten Elterngespräch des Jahres entgegen. Ich dachte an Josiahs »aufgewühlten Körper« und sprach ein kurzes Stoßgebet für Joe, der zu Hause geblieben war, um auf ihn aufzupassen. Ich eilte an den Spinden und Klassenzimmern der gesunden Kinder vorbei, bis ich die zwei kleinen Klassenräume der autistischen Kinder in der hintersten Ecke des Ganges erreichte.

Josiahs Lehrerin und Ergotherapeutin standen auf, um mir die Hand zu schütteln, bevor ich mich zu ihnen an einen der winzigen Kindertische auf einen extrakleinen Stuhl setzte.

»Was ist passiert?«, fragte ich und zeigte auf den Walker-Gips-ersatz, den die Lehrerin am Fuß trug.

»Ich habe mir den kleinen Zeh gebrochen.«

»Autsch«, meinte ich.

Ich ließ den Blick durch den Raum über das Wirrwarr von Be-schäftigungs-Stationen schweifen. *O Mann,* dachte ich bei mir. *Hier fällt es Josiah bestimmt nicht leicht, sich zu konzentrieren.*

»Wie schlägt er sich denn so?«, fragte ich.

Seine Lehrerin faltete die Hände. »Wie Sie wissen, möchten wir, dass die Kinder mit uns über das Smart-Board kommunizie-ren. Was Josiah betrifft, muss ich gestehen, dass er sich nicht an-satzweise so viel einbringt, wie wir es gerne sehen würden. Aber letztens ist etwas Seltsames passiert. Als wir neulich jemanden zu Besuch hatten, der den Unterricht beobachten sollte, wollte Josiah einfach nicht auf seinem Platz bleiben. Immer wieder sprang er unaufgefordert auf und rannte blitzschnell zur Tafel, wobei er je-des Mal die richtige Antwort abgab. Er liebt es, wenn ich ihm alleine vorlese. In diesen Momenten ist er am aufgeschlossensten. Es war echt toll, seine Antworten zu dem Buch *Allein in der Wildnis* zu lesen, die er als Hausaufgabe aufhatte.«

Ich schenkte ihr ein mattes Lächeln. »Ich wünschte nur, er würde so mit Ihnen kommunizieren, wie mit mir zu Hause auf dem I-Pad.«

Die Lehrerin schien jetzt fast den Tränen nahe zu sein. »Ja, wir wollen wirklich an ihn rankommen. Wir wissen, dass er extrem schlau ist, aber wir finden einfach keinen Draht zu ihm. Und es hilft uns natürlich auch nicht gerade, dass er manchmal so unko-operativ ist.«

Im Raum war es mit einem Schlag still geworden. »Sprechen Sie weiter.«

Die Therapeutin zögerte. »Nun, oft macht er genau das Gegen-teil von dem, was ich ihm sage.«

»Das stimmt«, meinte die Lehrerin nickend. »Eigentlich sitzt er während der Unterrichtsübungen nur dann still, wenn er in der Plastik-Aufbewahrungstonne sitzen darf. Sonst rennt er zum Fensterbrett und springt herum, als würde er fliegen. Wie Sie sich vorstellen können, stört er damit den ganzen Unterricht.«

»Er hat seine Finger überall«, fügte die Therapeutin hinzu. »Wir müssen auf unsere Papiervorräte und Taschentücher achtgeben, weil er sich alles in den Mund stopft. Außerdem können wir ihn nicht allein auf die Toilette lassen, weil er seine Hände ins Klo steckt und das Wasser überall herumspritzt.«

Die Lehrerin schaute mich mitfühlend an. »In dieser Klasse gibt es noch jüngere Kinder, im Kindergartenalter. Ich glaube, einige der Geräusche und das Gekreische, das sie von sich geben, bringen ihn in Rage.«

Die Therapeutin seufzte. »Ja, aber was wir wirklich in den Griff kriegen müssen, ist das Haareziehen. Letzte Woche hat er einer der Hilfskräfte ein ganzes Büschel Haare ausgerissen.«

Meine Schultern verspannten sich. *O Gott, bitte hilf mir, nicht die Fassung zu verlieren.*

»Ich bin mir sicher, dass es nicht böse gemeint war«, sagte die Lehrerin zögernd, »aber letztens hat er mir sogar auf den gebrochenen Zeh getreten.«

Okay, das gab mir den Rest. In mir brodelte es. Ich spürte, wie mir die heiße Schamesröte ins Gesicht stieg. Wie konnte es sein, dass mein süßer Junge, der Jesus liebte und zu Hause solche großen Fortschritte vorzuweisen hatte, so viel Ärger in seiner Klasse machte? Ja, ich war mir bewusst, dass sein Verhalten allgemein nicht unbedingt vorbildlich war – aber das hier? Das war absolut inakzeptabel.

Die Lehrerin legte mir die Hand auf die Schulter. »Ich weiß, wie schwer es für Sie ist, das zu hören. Wir wollen hier auch keine Spielverderber sein, aber wir wissen langsam einfach nicht mehr weiter.«

Ich dankte ihnen und fuhr weinend nach Hause.

Ich konnte es gar nicht abwarten, dass es endlich morgen wurde, damit ich meine Fragen loswerden konnte.

»Junger Mann, wir müssen uns mal darüber unterhalten, was Integrität bedeutet.«

Er schaute nicht mal von seinem Keyboard hoch, auf dem er gerade herumhämmerte.

»Josiah, deine Lehrer haben mir wirklich schlimme Dinge über dich erzählt, also möchte ich mit dir über Integrität reden. Integrität bedeutet, sich gemäß seiner inneren Überzeugung zu verhalten. Es bedeutet, immer dieselbe Person zu sein, egal, in welcher Gesellschaft man sich befindet. Kannst du mir erklären, warum du zu Hause so vernünftig bist, dich in der Schule aber so furchtbar aufführst?«

Er rutschte dicht an mich heran.

Ich bin klar im Geist, aber freudlos im Körper. Auszusprechen, was man fühlt, heißt, gute kleine Segenssprüche auszusprechen. Es ist schwer, sich den ganzen Tag nicht ausdrücken zu können, denn in der Schule finde ich kein Gehör wie hier.

In meinem Geist bin ich nicht stumm, aber das ist das Problem mit Autismus. Man arbeitet sich schnell in Geheule, weil man nicht sofort sprechen kann. Man will einen riesen Aufstand machen, damit man wie eine echte Person gehört wird.

Bitte hilf den Leuten dieses Verlangen, von dem die Person mit Autismus so geplagt wird, zu verstehen. Es geht nicht nur darum, in Gedanken so aufgebracht zu sein, sondern sagen zu müssen, dass der Körper es nicht leisten kann. Es geht nicht nur um das Unvermögen, zu sprechen. Der Befehl, komplett still zu sitzen, bringt einen dazu, nur noch lauter sein zu wollen. Es ist die einfache Angst davor, dass angenommen wird, die Muskeln, nicht der Geist, würden davon sprechen, wer ich bin.

Ich schob ihm die Brille hoch. Was sollte ich bitte darauf erwidern? »Ich verstehe dich, JoJo. Das tue ich wirklich. Ich weiß, dass du in der Schule lieber andere Vorkehrungen hättest, damit du mit den Leuten wie mit mir kommunizieren kannst. Ich weiß, dass es schwer ist, aber du musst trotzdem mit ihnen kooperieren. Wir wissen alle, dass dein Körper nicht so mitmacht, wie er soll, aber es klingt absolut nicht so, als würdest du dir im Geringsten Mühe geben.«

Es tut mir leid, Mom.

»Hast du mich verstanden, Josiah? Du musst deinen irdischen Lehrern immer mit Respekt begegnen, auch wenn sie nicht so perfekt sind wie deine himmlischen Lehrer.«

Ein Stöhnen drang aus seiner Kehle.

Ein guter Schüler zu sein, bedeutet, tägliche Arbeit zu äußern, die sie gerne sehen wollen. Ich äußere jetzt das reich bestellte Buchstabieren, aber ich verstehe, dass meine Arbeit eher wie eine Quelle als wie eine Rennstrecke sein sollte.

Meinen Lehrern die ganze Zeit schnelle Füße zu verkünden, ist eine Rennstrecke. Laut sein, ist eine Rennstrecke. Schnell sein, ist eine Rennstrecke. In was reinkrachen, ist eine Rennstrecke. Sich auf den Tribünen wild aufführen, ist eine Rennstrecke.

Um meinen Lehrern zu helfen, werde ich mich wirklich bemühen, eine Quelle zu sein und keine Rennstrecke, damit ich versuchen kann, meine Arbeit zum Ausdruck zu bringen.

Es tut mir leid. Werdet ihr Lehrer mir für mein lästiges, unruhiges Verhalten verzeihen? Es tut mir leid. Die Arbeit ist mein schlimmster, größter Stolz. Ich bin jetzt so hochmütig, mich nicht von euch lehren zu lassen, und so bereite ich euch Ärger.

»Es ist schön zu hören, dass es dir leidtut«, meinte ich. »Aber das sind nur leere Worte, wenn darauf keine Taten folgen. Wir werden ab jetzt mehr darauf achten, dass du dich an das hältst, was du versprichst. Oh, und du musst dich im Unterricht und bei Projekten mehr einbringen, ohne Ärger zu machen. Aber ich nehme deine Entschuldigung an. Und ich werde sie auch an deine Lehrerinnen weiterleiten.«

Mom, knall das auf die Facebook-Seite. »Entschuldigung«

drückt viele Dinge aus, aber das Wichtigste ist, dass die tragische Kluft zwischen dir und Gott oder zwischen dir und anderen niemals so beständig sein kann, als dass sie sich nicht mit einem »Entschuldigung« überbrücken ließe.

Wenn jemand »Entschuldigung« sagt, wird die Brücke zu einem schnellen Highway für das »Hören«, um mutig dorthin zu gelangen.

Es auszusprechen, wird dich zu einem couragierten, weitreichenden Lehrer für andere machen, die nicht wissen, wie sie es selbst sagen sollen.

Im November gönnten Joe und ich uns eine Auszeit und fingen an, zu einer Bibelstunde für Paare zu gehen. Und zwar nicht zu irgendeiner, denn diese war für Eltern von Kindern mit Behinderung.

Bisher hatten wir das unglaubliche Buch, in dem es um unseren inneren Kampf ging, immer nur zu zweit studiert. Doch aufgrund unserer eigenen Probleme endete es ironischerweise immer im Streit. Dieses Mal war das anders. Wir trafen uns mit vier anderen Paaren, die ebenfalls behinderte Kinder hatten, und schlugen den Brief an die Epheser auf, um zu erfahren, wie wir lernen konnten, dem Heiligen Geist zu gestatten, unsere Gedanken und Ansichten zu erneuern. Aber hauptsächlich ging es uns dabei um den Kontakt zu Menschen, die mit den Herausforderungen vertraut waren, denen wir uns als Eltern stellen mussten: Die schlaflosen Nächte, die Belastung für die Ehe und den Wunsch, wieder träumen zu können.

Wir trafen uns in einer örtlichen Kirche, wo Collegestudenten ehrenamtlich Kinderbetreuung anboten. Josiah ging ohne Protest dorthin und außerdem waren wir nur ein paar Schritte entfernt, falls es Probleme geben sollte.

Nachdem wir uns an einem Abend im Dezember eine DVD angeschaut hatten, diskutierten wir reihum unsere Gedanken zum

Thema Wachstum und Transformation. Einer der Männer gestand unter Tränen, wie schwer es ihm bisher gefallen war, Gott zu vertrauen.

»Als Ehemann und Vater will ich in der Lage sein, die Dinge zu richten«, erklärte er. »Auf der Arbeit kann ich mit meiner Leistung etwas bewirken, aber wenn es um meinen Job zu Hause geht, habe ich immer das Gefühl zu versagen. Da verliert man schnell den Mut und seine Geduld.«

Die anderen Männer nickten zustimmend, während ich mich über Satan und seine lahmen Lügen ärgerte. Diese Väter konnten tausend Dinge richtig machen und trotzdem waren sie von dem entmutigenden Gefühl befallen, unfähig zu sein, eine Lösung für den endlosen Kreislauf ihres Schmerzes zu finden.

Ich fand diese Gruppe in vielerlei Hinsicht toll und am meisten gefiel mir die Tatsache, dass Gott uns zu ihr geführt hatte.

Es war im August passiert, als ich zu einem Park gefahren war und Josiah sich geweigert hatte, aus dem Auto zu steigen. Zu erschöpft, diesen Kampf mit ihm auszutragen, fuhr ich zu einem anderen Park, doch auch hier wollte er nicht aussteigen.

Auch wenn ich damit wahrscheinlich gegen jede Erziehungsregel verstieß, steuerte ich nun den dritten Park an. Dieses Mal sprang Josiah voller Tatendrang aus dem Auto, sobald ich seine Tür geöffnet hatte, und rannte wie ein vollkommen ausgewechseltes Kind zum Spielplatz.

Dort fiel mein Blick auf ein Elternpaar, das mit seiner kleinen behinderten Tochter spielte. Die Mutter sah freundlich aus. Der Vater hatte sich auf der anderen Seite des Mädchens positioniert, während das Paar ihr aufs Klettergerüst half.

Josiah kreischte auf und als ich mich umdrehte, sah ich, wie er auf einem anderen Klettergerüst zu einem seiner wagemutigen Stunts ansetzte.

»Pass auf!«, rief ich.

Die Mutter warf mir einen verständnisvollen Blick zu, während ihre Tochter Josiah vollkommen hingerissen anstarrte.

»Ich bin Jamie«, stellte sich die Mutter vor und streckte die Hand aus.

»Hi, ich bin Tahni und der aufgedrehte Typ da oben ist mein Sohn, Josiah.«

Sie kniff die Augen zusammen und schaute ihn prüfend an. »Josiah? Ich kenne einen Josiah. Von der Facebook-Seite, *Josiahs Stimme*. Aber das kann unmöglich ...«

»Doch!«, rief ich aufgeregt. »Das ist die Seite von meinem Sohn.«

Sie lächelte. »Das gibt's doch nicht. Was für ein Zufall! Wir sind vor einiger Zeit weggezogen, deswegen kommen wir nur sehr selten in diesen Park.«

»Wie haben Sie von *Josiahs Stimme* erfahren?«

»Unsere Tochter ist autistisch, deshalb hat mir eine Freundin auf der Arbeit von der Seite erzählt. Ich habe früher Kindergottesdienste geleitet.«

»Wow, echt?«, sagte ich. »Ich war früher auch in einer Kirchengemeinde tätig.«

Aus dem Gespräch wurden mehrere Treffen. So kam es, dass sie mich und Joe eines Tages zu einer neuen Bibelrunde einlud, die sie und ihr Mann in ihrer Kirche ins Leben gerufen hatten.

Selbst jetzt, wo ich mich im Raum umschaute, war ich Gott unendlich dankbar, dass er uns an diesen Ort geführt hatte. Ich zwinkerte Joe zu, als er an der Reihe war zu sprechen.

»Was das Wachstum im Glauben betrifft, habe ich das Gefühl, ein paar Rückschritte gemacht zu haben«, gab er zu. »Früher habe ich begeistert die Bibel studiert, Verse auswendig gelernt und meinen Glauben gestärkt, aber Josiahs Diagnose hat mir schwer zugesetzt. Am Ende glaubte ich, Gott hätte mich im Stich gelassen – denn so fühlte es sich an. Wann immer wir in der Not waren, meinte Tahni, wir sollten beten, und ich war immer einverstanden.

Aber um ehrlich zu sein, glaubte ich nicht daran, dass sich dadurch etwas ändern würde. Manchmal passierte dann sogar das Gegenteil von dem, wofür wir gebetet hatten.« Er räusperte sich. »Versteht mich nicht falsch, ich bin dankbar dafür, dass Josiah jetzt mit uns kommunizieren kann, aber ich tue mich damit schwer, kein so inniges Verhältnis zu Gott zu haben wie Josiah und Tahni. Das führt dazu, dass ich mich manchmal ausgegrenzt und verletzt fühle. Deswegen bemühe ich mich auch nicht wirklich, Gott näherzukommen. Zumindest war es bis jetzt so.«

Als Joe und ich wieder im Auto saßen, legte ich ihm meine Hand aufs Bein. »Ich bin wirklich stolz auf dich, Joe. Du hast dich nicht verstellt und warst vollkommen ehrlich, als du eben dein Herz ausgeschüttet hast. Deine Worte waren nicht von dem beeinflusst, was die anderen deiner Meinung nach vielleicht von dir hören wollten. Dafür bewundere ich dich.«

Am nächsten Morgen, als ich gerade die Pausenbrote schmierte, kam Joe in die Küche und drückte mir einen Kuss auf die Wange. »Ich glaube, wir sollten wieder anfangen, zusammen zu beten.«

Ich stellte die Erdnussbutter ab und rief Josiah. Dann drängten wir drei uns wie Enten, die Schutz im Unwetter suchen, auf dem Treppenpodest zusammen.

»Vater«, betete Joe. »Bitte segne uns heute. Josiah hatte es in letzter Zeit nicht leicht in der Schule. Lass ihn erkennen, dass er in Sicherheit ist und über alle Maße geliebt wird. Gib ihm die Kraft, seinen Lehrern zuzuhören und sich gut zu benehmen. Jesus, lass uns erkennen, dass du hier an unserer Seite bist. Oh, und bitte lass die New York Giants dieses Wochenende gewinnen. Amen.«

Lucys Bellen machte uns darauf aufmerksam, dass der Schulbus eingetroffen war. Ich gab meinen Jungs einen Kuss und ging zum Fenster, um zuzusehen, wie Joe Josiah zu seinem gewohnten Platz ganz vorne im Bus führte.

Gott, der da ist ein echt guter Mann und echt guter Vater. Würdest du ihn bitte mit einem besonders persönlichen Beweis deiner Güte überraschen?

30
Der Himmel hat eine Stimme

»Engel verwandeln Tränen in Amen-Protokolle.«

Josiah Cullen

Winter 2014

»Ich glaube, er ist ein Indigo-Kind.« Nachdem ich aufgelegt hatte, gingen mir Kims Worte immer wieder durch den Kopf. Die Beschreibung in dem Video, das sie mir empfohlen hatte, traf genau auf Josiah zu: talentiert, sensibel, intuitiv, weise, spirituell begabt und sehr reif für sein Alter.

Ich hielt Josiah nicht wirklich für ein Indigo-Kind, aber der Film half mir, ihn und die Dinge, an die andere glaubten, besser zu verstehen.

Manche esoterisch orientierte Psychologen sind der Ansicht, dass diese sogenannten Indigo-Kinder psychische Krankheiten und Anomalien aufwiesen, während andere davon überzeugt sind, dass sie Zeugen irgendwelcher paranormalen Aktivitäten waren oder einen Evolutionsprozess ihres Bewusstseins erlebten. Um ehrlich zu sein, rollte es mir immer die Zehennägel hoch, wenn ich die Worte *Telepath* und *Hellseher* hörte. Kam das, was Josiah sah, von Gott und seinem Königreich des Lichts oder aus irgendeinem »übersinnlichen« Gefilde?

Bevor ich Zeit hatte, weiter darüber nachzudenken, kam Josiah ins Zimmer gerannt. Ich hatte ihm nichts von Kim erzählt, also wusste er nichts von unseren offenen Gesprächen. Während ich darauf wartete, dass er etwas eintippte, ging mir durch den Kopf, wie sehr ich es schätzte, dass Kim uns mit ihrer professionellen Einschätzung helfen wollte.

Hi, Mom, schrieb er. Nein. Die natürliche Kim ist so nett, dich anzurufen, um zu plaudern. Mein trotziger Millisekunden-Geist erhebt sich, natürlich Nein zu meinem Indigo-Stempel zu sagen. Ein lautes Nein.

Ja, Josiah ist ein brillantes Sprachrohr Gottes. Ich bin nicht ein Indigo. Ich bin ein normaler Junge, der zu der lauten Mission aufgerufen ist, Gott wirklich zu machen. Ich trage seinen Namen und werde ihm mein Leben lang dienen.

Meine lauten Tyrannen werden meinen Namen kennen, denn sie fürchten sich davor, dass mein erschöpftes Leben genauso funktionieren könnte, wie mein König laut verlangt. Liebe würde in den Straßen erklingen. Musik würde wieder fühlen. Mangel würde nach der großen Erneuerung des Lebens geifern. Trübsalblasen würde sich in Freude wandeln.

Etwas Vergleichbares wie mich wird man auf dieser Erde nicht finden. Mein gesättigter Geist fordert Gott heraus, ihn bis zum Überlaufen anzufüllen, doch er füllt mich gemäß meiner Grenzen auf, nicht gemäß meiner Wünsche. Du musst keine Angst haben, meine Birne könnte explodieren. Er spart mich für die Jaguar-Mutprobe auf, zu ihm zu laufen, jetzt und immer.

Mein Gott benennt keinen Guru, der ich bin. Ich bin kein Guru. Ich bin kein verschwindendes Medium. Ich bin kein Hellseher. Ich bin nicht heiliger als die sich ansammelnden Prüfungen meines Lebens.

Jesus bezeichnet mich als genauso heilig wie jede andere Person auch. Mein Name ist wirtschafts-orientiert, musik-orientiert, landes-orientiert, kirchen-orientiert, glaubens-orientiert, mega-

Zerstörung-des-Autismus-orientiert. Mein Name ist fleißiger Poet, Musiker der Lobpreisung, Seher und wagemutiger Junge, der seinen Gott liebt.

Mein Name ist Josiah. Meine Mutter ist eine Pastorin. Mein Vater ist ein Fernsehproduzent. Mein Hund ist ein Friedensstifter. Jeden Tag werde ich als Gottes Feuer bezeichnet. Feuer wird vorsichtig benannt, aufzuheizen, toten Boden zu zerstören, radikalen Wandel anzutreiben, Klarheit in die natürlichen Antworten zu bringen. Feuer benennt Gold als erhitzten Schmuck, Silber als erhitzte Waffen, Tonwaren als Waren für transportierbare Güter.

Kein Grund, mich als Indigo oder nützlichen Boten des Himmels oder nachdenklichen Poeten oder ernannten Kinderpropheten abzustempeln. Ich werde nur von seinem Feuer erleuchtet. In all meinen Tagen werde ich ihn in meinem Leben brauchen.

Autismus und ADS, Bezeichnungen der natürlichen Menschen, bedeuten, der Junge ist für seine Umgebung gefährlich. Mein Leben ist darauf ausgerichtet, meinen Namen zu einem Synonym für grundlegenden Segen zu machen.

Mein Name ist Josiah. Mein Ziel ist es, ihn zu meinem rasenden Vater zu machen, indem ich erkläre, dass seine Tore schnell, heilig und weit offen für alle Menschen sind, die ihn Vater nennen, Jesus Sohn nennen und den Heiligen Geist Helfer nennen.

Mein grundlegender Name ist dieser Junge. Ich brauche kein Etikett, um es deutlicher zu machen. Du musst verstehen, ich bin sein Feuer. Nennst du mich jetzt sein Feuer? Indem ich sage, ich bin Josiah, was Gottes Feuer heißt, sage ich meinen Namen und mein Ziel.

»Josiah«, sagte ich, während ich noch versuchte, das alles zu verarbeiten, »ich erinnere mich daran, dass du schon mal davon gesprochen hast, wie das Feuer Gottes zu sein. Ich frage mich, ob du weißt, was dein Name bedeutet? Ich glaube nämlich, du weißt es.«

Gott hat es mir gerade gesagt. Ich wusste nicht, dass mein

Name Gottes Feuer ist, und auch nicht, dass dieser Name mein Ziel beinhaltet. Wusstest du, dass Josiah Gottes Feuer bedeutet? Ich nickte. »Ja, aber ganz bestimmt. Schon damals, als wir dir den Namen gaben, wussten wir, was er heißt. Josiah bedeutet ›Feuer des Herrn‹. Ich habe dir früher sogar immer vorgesungen: ›Josiah, das Feuer des Herrn umhüllt dich. Das Feuer des Herrn umhüllt dich jetzt.‹«

Mit offenem Mund tippte er seine Antwort ein.

Also wusstest du es? Also heiße ich Josiah, weil euch »Feuer des Herrn« gefiel? Das ist unglaublich, Mom. Du musstest mich Josiah nennen und wusstest es nicht einmal. Es ist mein echter Name, die echte Berufung meines Lebens, Mom.

Auch König Josiah ist unvergleichlich. Er war nicht wie andere Könige. Mein Namensvetter bekam nicht genug von Gottes Gesetzen, kannte seinen Namen, sah sein Feuer und würdigte seine Heiligkeit an allen Orten der jüdischen Gesellschaft. Mein Namensvetter hat meinen Namen für mich aufgebaut.

Ich erinnerte mich, dass ich während meiner Zeit in Pacem in Terris etwas über die Errungenschaften dieses Königs gelesen hatte. »JoJo, was weißt du sonst noch über König Josiah?«

Ich habe mich mit ihm unterhalten, Mom. Er erzählte mir, dass nominelle Könige nicht nur einen Namen für sich machen, sondern ihre Königreiche als ihre Gebäude, ihre Scheunen, ihre Tempel vieler Götter, ihre Geschäfte, ihre Büsten zur Legende benennen, was sie unsterblich machte.

Im Prinzip hat mir König Josiah erzählt, dass diese Zeiten verschwanden, als das Geschäft zu Gott wurde, als tägliche Unklarheit zu Glauben wurde, als einfache Religion zu gekonnter, staatlicher, theologischer Niedertracht wurde.

Mein Job war sein Job. Mich Josiah zu nennen, zeigt großes Gespür für meine Bestimmung. Ich ziehe den Hut vor dieser Entscheidung.

»Danke«, sagte ich und zupfte ihm das T-Shirt zurecht. »Und dein Vater und ich ziehen den Hut davor, wie sehr du der Bedeutung deines Namens gerecht wirst.«

Gott schenkte mir mundwässernde Momente in seiner Gegenwart, um mir zu sagen, dass er ein verzehrendes Feuer ist. Mein Gott ist ein Speer zwischen Taten und Glauben.

Wegen ihm lauern mir vielleicht die Geier auf, aber das macht keinen Unterschied. Er lässt den Jungen nicht nach irgendeiner Pfeife tanzen, also kann kein schöner Speer, der versucht, mich als irgendwas zu bezeichnen, meinen Jesus-benannten Glauben in Beschlag nehmen. Es gibt keinen Markt, zu dem ich gehöre. Ich bin Gottes Feuer und er kann es nicht Feuer nennen, wenn es nicht alles verzehrend ist.

Gott sagt, kein Mensch kann leben, ohne vor seinem Tod nicht wenigstens einmal den hellen Glanz von Gottes Pracht gesehen zu haben. Der Mensch irrt sich nicht oder macht kein großes »Mist, ich habe ihn verpasst«. Mom, sie erkennen seine Herrlichkeit wenigstens einmal im Leben.

Sie werden ihn brauchen oder sie werden sehr laut kundtun, dass es nicht so ist. Sein Leben in ihnen ist groß, wenn sie ihn brauchen. Es ist klein, wenn sie ihn vielleicht ein bisschen brauchen. Sein Leben in ihnen ist nicht vorhanden, wenn sie ihn auf keine Weise brauchen.

Menschen sterben nie behände, ohne sich Gedanken um seine Existenz gemacht zu haben. Das ist nicht möglich. Er ist nicht belanglos für die Menschen, nicht jetzt, nicht damals, niemals.

Was für einen großen Namen mir Gott gegeben hat, Mom. Gottes Feuer.

Als ich in dieser Nacht im Bett lag und dem Wind lauschte, der an meinem Fenster rüttelte, tanzten Josiahs Worte wie lodernde Flammen in meinem Kopf herum und brachten die alte Frage wieder auf, die ich mir schon tausendmal gestellt hatte: Wie konnte Josiah ständig solche tiefgründigen, himmlischen Erfahrungen machen, ohne geheilt zu werden?

Mein I-Pad leuchtete unter der Bettdecke wie der Vollmond, den ich ein paar Abende zuvor bei einem Besuch bei Sue Rampi gesehen hatte.

Nachdem ich mich von den anderen Damen verabschiedet hatte, war ich auf der Auffahrt stehen geblieben und hatte zu dem unebenen Lichtgestirn hochgeschaut, während ich Gott für seine Schönheit dankte – und für jede Gelegenheit, die er mir gab, das Leben anderer zu berühren.

Am nächsten Morgen passierte etwas Seltsames. Josiah, der nichts von meinen Gedanken auf Sues Auffahrt wusste, schrieb direkt nach dem Aufstehen, er habe gesehen, wie ich zum Mond aufschaute und mich mit Jesus unterhielt.

»W-woher weißt du das?«, stammelte ich mit atemlosem Erstaunen. »Wie konntest du das sehen?« Ich beobachtete, wie die Antwort langsam aus seinem Finger rann.

Vom Himmel aus. Ja, direkt als du hochgeschaut hast. Jesus hat es mir ermöglicht, dich zu sehen. Die Predigerin der Heiligen Schrift in Gesellschaft von Damen hat selbst einen Gottesdienst vom wunderschönen Mond empfangen.

Unter der Decke, in der Stille der Nacht, scrollte ich durch Josiahs ältere Einträge. Einer davon ging mir durch und durch.

Die Stunden in der Schule sind heiter, aber nicht glücklich in meiner Seele. Es bricht mir das Herz, meine große nette Schule erwartet von meinem großen netten Selbst, nett zu sein, aber meine Nettigkeit bringt keinen dazu, mir zuzuhören.

Stärke mir ab und zu den Rücken, ja? Ich brauche eine Umarmung. Meine Nächte sind größer, viel, viel lauter als meine Tage.

Ich kniff die Augen zu. *Oh, Vater. Mein Sohn hat es in der Schule wirklich nicht leicht. Es ist für jemanden wie ihn schon schwer genug, mit seinem unkooperativen Körper zu leben, aber wie um alles in der*

Welt soll jemand, der regelmäßig den Himmel besucht, mit all seinen
Einschränkungen klarkommen? Ich flehe dich erneut an, bitte heile ihn.
In den tiefsten Tiefen meines Schmerzes musste ich daran denken, wie David seine Psalmen verfasst hatte. Wie konnte er von dem Gefühl, Gott würde sich nicht um ihn scheren, auf einmal zu der Gewissheit gelangt sein, dass der Schöpfer der Welt in jedes kleinste Detail seines Lebens eingebunden war? Dann fiel mir wieder mein Galerie-Traum ein. Vielleicht hatte König David verstanden, dass Gottes Schöpfungen nicht in geraden Linien verliefen. Ich selbst musste das noch lernen.

Vater, in dieser scheinbar endlos währenden Nacht will ich dich preisen, egal, wie verworren mir die Linien meines Lebens erscheinen mögen. Du bist groß. Du bist mächtig. Deine lebensspendende Stimme ist kraftvoll und herrlich. Wenn ich an den Himmel denke, was ist da der Mensch, dass du dich um ihn kümmerst? Oh, wie groß doch deine Fürsorge ist.

Am nächsten Morgen zog ich Josiah seine Windel aus, die er nachts immer trug, und folgte ihm auf die Couch, die mittlerweile so durchgesessen war, dass man den Abdruck seines Hintern darauf sehen konnte.

Er stützte seinen Ellenbogen auf mein Knie. Selbst nach all dieser Zeit musste ich immer noch seinen Arm stützen. Mehr als je zuvor spürte ich Gottes Unterstützung in meinem eigenen Leben. Der Herr, das fleischgewordene Wort, hatte mich gelehrt, mich ohne Furcht in das Sicherheitsnetz seiner Gnade fallen zu lassen.

Josiah stieß ein langes Stöhnen aus, während er tippte.

Mom, rede mit mir. In der Schule sagte man mir, meine Arbeit muss jetzt in Musik umgewandelt werden, echte Musik. Denn der stumme Mund wird ein freudvolles Geräusch für meinen Gott machen. Leih mir dein Ohr. Dieser Stumme bin ich.

Im Grunde bin ich im Geiste nicht stumm, also bin ich Gott gegenüber nicht stumm. Kein bisschen. Also warum brauche ich

so viel Anstoß, um die Worte hervorzubringen? Süße Worte werden kommen, wahrlich, das werden sie, aber meine Stimme klingt schon in meinem Geist. Sie ist wunderschön. Sie ist laut. Sie muss von der Welt noch entdeckt werden, aber Gott hört sie.

Ringen ist für den stummen Mund wie ringen um den Namen, der sagt: »Armes Kind«. Ich bin nicht arm, also bin ich nicht wirklich stumm. Also soll ich jetzt hauptsächlich für die Freude singen, damit ich durch meine einfache, tägliche Anbetung erfüllt werde, sodass ich meine Worte sprechen kann.

»Oh, Josiah«, sagte ich. »Mein ringender Gottesverehrer, du ergreifst meine Seele.« Ich drückte ihn fest an mich und ließ dann schließlich los, damit er fortfahren konnte.

Du liebst das Kind, das du hast, also wirst du das Kind haben, das du liebst. Das ist, was Gott für uns tut. Er liebt das Ich, das ich bin, also kann ich das Ich sein, das er in mir sieht.

Auch wenn ich nicht so stumm im Inneren bin, wird so erwählt zu werden zu einem wagemutigen Projekt. Also rückt das Projekt in den Mittelpunkt, wenn die Person in den Mittelpunkt rücken soll.

In der Fülle des Menschen liegt die Herrlichkeit seines Schöpfers, denn er ist alles andere als klein. Er ist groß. Der Mensch ist klein, aber der Mensch wurde zu so viel mehr erschaffen, als diese Sinne ihm sagen. Also liegt die Zukunft dieser Welt darin, zu verstehen, dass du und ich nicht zu Satans Meuterei gehören. Wir sind die Zukunft, die in Gottes Herrlichkeit gefunden wird, und in ihr bin ich frei.

Nimm meine Hand. Ob es dir gefällt oder nicht, ich bin nicht heil, aber er ist wahrhaftig. Wenn ich in dieser Realität so vollkommen geheilt sein soll, wird es so sein. Denn nun bin ich die Fülle Gottes in Christus, um zu sagen, dass obwohl gefährliche Zeiten meinen schlimmsten Drängen befahlen, still zu sein in meiner Welt, ich damit herausgeplatzt bin zu sagen: »Ich bin der Junge, der die laute Trompete ertönen lässt. Die Worte sind nicht du. Für deine Welt sind sie er. Du bist er für deine Welt, wenn du wie er sprichst.« Mehr gibt es dazu nicht zu sagen. Der Himmel hat jetzt eine Stimme.

Meine Hand zitterte, als ich sie über seine schob und seine Wärme in mich aufnahm. Mir blieb nichts weiter zu sagen als ein stilles *Danke, Jesus.* Niemand wusste, *wann* Josiahs Heilung einsetzen würde, aber wir wussten, *dass* sie kommen würde.

Genauso sicher wussten wir – mit dem gesamten Himmel im Rücken –, dass Gott nur Wundervolles mit uns vorhatte – und wenn wir unsere Hände fest in seine legten, konnten wir unser Haupt erheben und auf seine alles umfassende Liebe vertrauen.

»Gewaltig große Liebe bricht Hiroshima-Bomben in Stücke.
  Mächtige Liebe, wie Feuer, wird heiß, wenn sie Sauerstoff bekommt.
  Jesus bläst den Atem Gottes auf jene, die an Liebe denken.«

Josiah Cullen

Nachwort

Gott scherzte nicht, als er dem Propheten Jesaja sagte: »Denn so viel der Himmel höher ist als die Erde, so viel höher stehen meine Wege über euren Wegen, und meine Gedanken über euren Gedanken.« (Jesaja 55,9)

Ich hatte zwar mit dem Gedanken gespielt, unsere Geschichte eines Tages zu veröffentlichen, um Josiahs Botschaften und Gottes machtvolles Werk in unserer Familie festzuhalten, aber mir wäre nie in den Sinn gekommen, die ganze atemberaubende Erzählung mit all ihren verrückten Wendungen in Gemeinschaftsarbeit mit jemand anderem niederzuschreiben. Bis ich auf einer Veranstaltung der *Christan Women in Media Association* eine Rede hielt und die Schriftstellerin Cheryl Ricker kennenlernte.

Die traumhafte Zusammenarbeit mit Cheryl ist mittlerweile zu einer anhaltenden, echten Freundschaft geworden. Beim Verfassen dieses Buches haben wir immer wieder gewissenhaft Gott um Führung gebeten, weil wir unbedingt seinen perfekten Plan für das Buch wollten.

Trotz ihres ständig präsenten Aufnahmegeräts sorgte Cheryl dafür, dass ich mich während ihrer Befragungen stets wohlfühlte. Nie verzog sie das Gesicht oder stellte ein Erlebnis infrage. Stattdessen hörte sie zu und kommentierte bestätigend. Das zeigte mir, dass sie die Richtige für das Projekt war, denn schließlich war es für mich auch ein Risiko, unsere wahre Lebensgeschichte zu veröffentlichen.

Cheryl suchte immer die Wahrheit, stellte die entscheidenden Fragen, fand die richtigen Worte und schrieb eine fesselnde Geschichte, die meine Stimme einfängt und Josiahs Botschaften getreu wiedergibt.

Mein Herz ist voller Dank für Cheryl und unsere beiden Ehemänner, Joe und Dwight, die uns bei diesem Projekt unermüdlich den Rücken stärkten.

Josiahs Botschaften sind für immer mit meinem Herzen verwoben – so auch Cheryls Worte. Das macht dieses Buch zu einem dreisträngigen Seil des Herrn, das vielen Kraft geben wird.

Tahni Cullen

Als Gott sagte: »Cheryl, ich habe auf dem *Christian-Women-in-Media*-Event eine aufregende Überraschung für dich«, scherzte er nicht.

Tahni war ganz überraschend für eine andere Rednerin eingesprungen, die einen Notfall in der Familie hatte, doch nichts davon war Zufall. Ich war sofort von Tahnis Ehrlichkeit, Mitgefühl und ihrem Hunger nach Jesus angetan. Zwei Wochen später, als ich sie bei mir zu Hause interviewte, spürte ich, dass der Himmel diese Verbindung zwischen uns eingefädelt hatte, und ich wusste, dass der Herr uns leiten würde.

Nachdem ich unsere Interviews stundenlang transkribiert und mit Gebet jedes Kapitel geplant hatte, stellte sich Tahni weiteren knallharten Fragerunden, wobei sie oft in schriftlicher Form antwortete, damit ich so viele Details wie möglich in meinen romanartigen Schreibstil einbauen konnte.

Währenddessen schrieb Josiah, ihr ewiger Quell der Weisheit, einen steten Strom von lebensverändernden, prophetischen Botschaften, was die tapfere Tahni vor die mühselige Aufgabe stellte, diese zu entziffern, fehlende Leerzeichen, Zeichensetzung und Absätze einzufügen, bevor sie die Texte an mich weiterleitete, damit ich Gott fragen konnte, welche Passagen ich in *Josiahs Stimme* verwenden sollte.

Was für ein großes Glück, dass sich Teile der Geschichte vor meinen eigenen Augen zutrugen. Je öfter das passierte, umso gewisser war ich, dass Josiahs Worte ein Geschenk waren, das selbst den hoffnungslosesten Herzen Mut machen konnte.

Als Josiah mir auftrug, denjenigen Verleger herauszusuchen, der sich am meisten für die Ausflüge eines kleinen Jungen in den Himmel begeisterte, war klar, dass niemand anderes als Broad-Street infrage kam. Vom ersten Tag an zeigte uns unsere Broad-Street-Familie deutlich, wie sehr sie diese ergreifende Geschichte zu schätzen wusste – und uns ebenso, die einfachen Überbringer.

Wir beten, dass durch diese unvergessliche Wahrheit Trost, Frieden und Freude in das Leben der Leser fließen – direkt aus dem Herzen unseres liebenden Herrn, der keine Limits kennt.

Cheryl Ricker

Todd Burpo, Lynn Vincent

Den Himmel gibt's echt
Die erstaunlichen Erlebnisse eines
Jungen zwischen Leben und Tod

Gebunden, 13,5 x 20,5 cm, 160 Seiten
Nr. 395.278, ISBN 978-3-7751-5278-5
Auch als E-Book **e**

Colton ist vier Jahre alt, als er lebensgefährlich erkrankt und ope-
riert werden muss. Dass er überlebt, ist ein Wunder. Später erzählt
er seinen Eltern, einem Pastorenehepaar, von erstaunlichen Dingen, die er während dieser Zeit zwischen Leben und Tod gesehen
hat.

Christy Wilson Beam

Himmelskind
Ein kleines Mädchen reist in die Ewigkeit

Gebunden, 14 x 21,5 cm, 208 Seiten
Nr. 395.694, ISBN 978-3-7751-5694-3
Auch als E-Book **e**

Die zehnjährige Annabel Beam hat eine lebensgefährliche Darm-
krankheit. Als sie in das Loch eines alten Baumes fällt, überlebt sie
den gefährlichen Sturz ohne einen einzigen Kratzer und erlebt
Unglaubliches: Sie reist in den Himmel.

Bitte fragen Sie in Ihrer Buchhandlung nach diesen Büchern!
Oder schreiben Sie an: SCM Verlag, D-71087 Holzgerlingen;
E-Mail: info@scm-verlag.de; Internet: www.scm-verlag.de

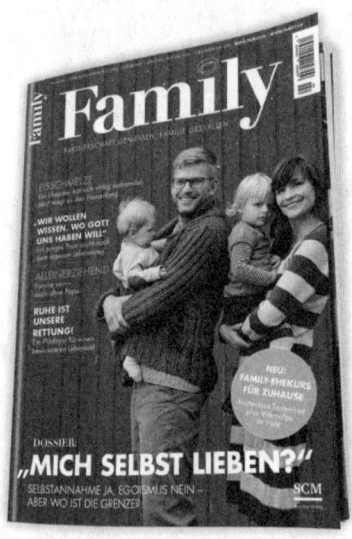